KLAUS WILLENBRUCH

Das Armenrecht der juristischen Personen

Schriften zum Prozessrecht

Band 51

Das Armenrecht
der juristischen Personen

Von

Dr. Klaus Willenbruch

DUNCKER & HUMBLOT / BERLIN

CIP-Kurztitelaufnahme der Deutschen Bibliothek

Willenbruch, Klaus
Das Armenrecht der juristischen Personen. —
1. Aufl. — Berlin: Duncker und Humblot, 1977.
  (Schriften zum Prozessrecht; Bd. 51)
  ISBN 3-428-03877-0

Alle Rechte vorbehalten
© 1977 Duncker & Humblot, Berlin 41
Gedruckt 1977 bei Buchdruckerei Bruno Luck, Berlin 65
Printed in Germany

ISBN 3 428 03877 0

Meinen Eltern

Vorwort

Die vorliegende Schrift ist im Sommer 1976 vom Fachbereich Rechtswissenschaft der Universität Hamburg als Dissertation angenommen worden.

Die Arbeit ist betreut worden von Herrn Prof. Dr. Karl August Bettermann. Für die intensive Förderung der Arbeit durch zahlreiche Hinweise danke ich ihm an dieser Stelle aufrichtig.

Herrn Prof. Dr. J. Broermann danke ich für die Aufnahme der Arbeit in die Reihe „Schriften zum Prozeßrecht".

Hamburg, im Oktober 1976

Klaus Willenbruch

Inhaltsverzeichnis

Einleitung 13

Erster Teil

Die Regelung des § 114 Abs. 4 ZPO

I. Die gegenwärtige Rechtslage 14
   1. „Armut" 14
   2. „Allgemeine Interessen" 15
   3. „Hinreichende Erfolgsaussichten" 15
   4. „Mutwilligkeit" 16
   5. „Kann" 16

II. Die Entstehung des § 114 Abs. 4 ZPO 16
   1. Das Änderungsgesetz vom 27. Oktober 1933 16
   2. Das Verhältnis des § 114 Abs. 4 ZPO zu den Motiven und dem Entwurf von 1931 18
      a) „Wirtschaftlich Beteiligte" 18
      b) „Kann" 19
      c) „Allgemeine Interessen" 19
      d) Ergebnis 20

III. Die Auslegung der Voraussetzungen im einzelnen 20
   1. „Wirtschaftlich Beteiligte" 20
   2. „Allgemeine Interessen" 22
   3. „Kann" 24
   4. „Mutwilligkeit" 24
   5. „Hinreichende Erfolgsaussicht" 25
   6. Die Ergebnisse des § 114 Abs. 4 ZPO in der Praxis 25

IV. Fragestellungen 27

Zweiter Teil

Die prozeßrechtliche Gleichheit von juristischen und natürlichen Personen

- I. Die generelle Gleichstellung im Recht 28
- II. Die Prüfung der armenrechtlichen Ungleichbehandlung unter dem Gleichheitsgrundsatz des Art. 3 Abs. 1 GG 29
  1. Das Wesen des Armenrechts 29
     - a) BVerfGE 35, 348 ff. 29
     - b) Stellungnahme 30
       - (1) Das Armenrecht und die Menschenwürde 30
       - (2) Das Armenrecht und das Prinzip des sozialen Rechtsstaates 30
       - (3) Das Armenrecht und die Garantie des rechtlichen Gehörs 32
       - (4) Das Armenrecht als Mittel der Existenzsicherung 33
       - (5) Das Armenrecht als Prozeßkostenhilfe 34
     - c) Ergebnis 35
  2. Das Armenrecht und die Haftungslage 35
- III. Der Grundsatz der Waffengleichheit im Prozeß 37
  1. Das Verhältnis zwischen den Parteien 37
  2. Das Verhältnis zwischen juristischen und natürlichen Personen als Parteien im Prozeß 40
     - a) „Notwendiger Unterhalt" 40
     - b) „Wirtschaftlich Beteiligte" 41
     - c) „Allgemeine Interessen" 42
     - d) „Kann" 43
     - e) Ergebnis 44
  3. Das Verhältnis zwischen zwei juristischen Personen als Parteien im Prozeß 44
     - a) „Wirtschaftlich Beteiligte" 44
     - b) „Allgemeine Interessen" 45
     - c) „Kann" 46
     - d) Ergebnis 46
- IV. Die Gleichheit in der Reihe 46
- V. Art. 14 Abs. 1, 3 Satz 4 GG 48
- VI. Das rechtspolitische Bedürfnis der Gleichstellung von juristischen und natürlichen Personen 49
- VII. Ergebnis 50

Dritter Teil

Die Durchführung der armenrechtlichen Gleichstellung von juristischen und natürlichen Personen

I. Der Grundsatz der Eigenfinanzierung 51
   1. Die Bedürftigkeit der juristischen Person 51
      a) Anspruch auf Prozeßkostenvorschuß 51
      b) Andere Möglichkeiten der Mittelbeschaffung 52
   2. Die Bedürftigkeit bei den Personalgesellschaften 54
      a) Die BGB-Gesellschaft 54
      b) Die offene Handelsgesellschaft 55
      c) Die Kommanditgesellschaft 56
   3. Die Bedürftigkeit des nicht rechtsfähigen Vereins 58
   4. Ergebnis 60

II. Möglichkeiten der Finanzierung durch Dritte 60
   1. Die Fälle der Prozeßstandschaft 62
      a) Die Partei kraft Amtes i. S. v. § 114 Abs. 3 ZPO 62
      b) Die gesetzliche Prozeßstandschaft des § 265 ZPO 62
      c) Die gesetzliche Prozeßstandschaft des § 1368 BGB 63
      d) Die gewillkürte Prozeßstandschaft 63
      e) Ergebnis 64
   2. Die Fälle der Umgehung der Armenrechtsvorschriften 64
   3. Die Fälle des Auseinanderfallens von wirtschaftlicher und rechtlicher Inhaberschaft 65
      a) Beispiele zu § 114 Abs. 1 ZPO 65
      b) Besonderheiten für juristische Personen 66
      c) Die Aktiengesellschaft 67
         (1) Die Beteiligung des Kleinaktionärs 67
         (2) Die Beteiligung des Alleinaktionärs 67
         (3) Die Beteiligung des Aktionärs mit qualifizierter Mehrheit 69
         (4) Die Beteiligung der Gesamtheit der Aktionäre 70
         (5) Die Beteiligung von Großaktionären 71
         (6) Die Beteiligung kraft Unternehmensvertrages, §§ 291 ff. AktG 71
         (7) Die Beteiligung kraft Eingliederung, §§ 319 ff. AktG .. 74
         (8) Ergebnis 75
      d) Die Kommanditgesellschaft auf Aktien 75
         (1) Die Stellung der persönlich haftenden Gesellschafter . 76
         (2) Die Stellung der Kommanditaktionäre 76
      e) Die Gesellschaft mit beschränkter Haftung 77
      f) Der eingetragene Verein 78

        (1) Das Verhältnis des Vereins zu seinen Mitgliedern 78
        (2) Das Verhältnis des Vereins zu sonstigen Dritten 79
        (3) Ergebnis 80
     g) Der nicht rechtsfähige Verein 80
     h) Die Genossenschaft 81
     i) Die privatrechtliche Stiftung 82
     k) Die juristischen Personen des öffentlichen Rechts 84
  4. Ergebnis 85
     a) Zusammenfassung 85
     b) Die Rolle der Haftung 86
     c) Die Bewertung der Ergebnisse 87

III. „Der notwendige Unterhalt" 87
  1. Die Notwendigkeit der Ausweitung auf juristische Personen 87
  2. Die Möglichkeit der Ausweitung auf juristische Personen 89
     a) Sinn und Zweck der Sicherung des notwendigen Unterhalts 89
     b) Die Bedeutung des notwendigen Unterhalts für juristische Personen 89
     c) Ergebnis 91
  3. Die Anwendung bei Personalgesellschaften 92

IV. Ergebnis 92

Vierter Teil

Schlußbetrachtung   93

Literaturverzeichnis 94

Einleitung

Auch nach der jüngst vom Bundesverfassungsgericht getroffenen Entscheidung[1] über die Verfassungsbeschwerde einer Gesellschaft mit beschränkter Haftung gegen die Verweigerung des Armenrechts ist die vor allem in den Jahren der Justizreform von 1933 geführte Diskussion über das Problem der Armenrechtsgewährung für juristische Personen nur vereinzelt wieder aufgenommen worden. Angesichts der Fülle neuerer rechtspolitischer Beiträge zum Kostenrecht ist das damit zu erklären, daß die Frage des Armenrechts für juristische Personen nur einen Teilaspekt des Prozeßkostenrechts darstellt. Offen bleibt in den Darstellungen, ob und wie auch die juristischen Personen in die vorgeschlagenen Reformen einbezogen werden sollen.

Als Beitrag zu der geplanten Reform des Armenrechts und zur Klärung von Fragen des geltenden Armenrechts soll mit dieser Arbeit versucht werden, Klarheit über das Institut des Armenrechts der juristischen Personen zu erlangen. Ausgangspunkt ist die gegenwärtige Rechtslage, die sich mit § 114 Abs. 4 ZPO durch eine Sonderregelung des Armenrechts für juristische Personen auszeichnet. Nach einer kritischen Durchleuchtung des heutigen Rechtszustandes im Ersten Teil wird im Zweiten Teil die Frage beantwortet, ob die differenzierte Behandlung juristischer Personen mit dem Gleichheitssatz des Art. 3 Abs. 1 GG vereinbar ist. Im Dritten Teil wird sodann eine eigene Regelung des Armenrechts für juristische Personen erarbeitet und anhand von Beispielen der verschiedenen juristischen Personen des Privatrechts und des öffentlichen Rechts auf ihre Verfassungskonformität und Praktikabilität überprüft.

Schon einleitend soll darauf hingewiesen werden, daß sich die gesamte Darstellung auf den Teilbereich des Armenrechts für juristische Personen beschränkt. Ein Eingehen auf das allgemeine Kosten- und Armenrecht, insbesondere auf die umfangreiche rechtspolitische Diskussion, ist nicht beabsichtigt.

---

[1] BVerfGE 35, 348 ff.

Erster Teil

Die Regelung des § 114 Abs. 4 ZPO

I. Die gegenwärtige Rechtslage

Nach § 114 Abs. 4 ZPO kann einer inländischen juristischen Person dann das Armenrecht bewilligt werden, „wenn die zur Führung des Prozesses erforderlichen Mittel weder von ihr, noch von den an der Führung des Prozesses wirtschaftlich Beteiligten aufgebracht werden können und die Unterlassung der Rechtsverfolgung oder Rechtsverteidigung allgemeinen Interessen zuwiderlaufen würde". Des weiteren muß die beabsichtigte Rechtsverfolgung eine hinreichende Aussicht auf Erfolg bieten und darf nicht mutwillig erscheinen, § 114 Abs. 1 ZPO.

1. „Armut"

Zunächst einmal muß die juristische Person als Rechtsinhaber selbst, auch unter Ausnutzung aller Möglichkeiten der Vermögensverwertung und Kreditnahme, außerstande sein, die Kosten des Verfahrens aufzubringen.

Sodann dürfen auch die wirtschaftlich Beteiligten dazu nicht in der Lage sein. Der Kreis derer, die als wirtschaftlich beteiligte Dritte anzusehen sind, die also die Kosten des Prozesses für die juristische Person mittragen sollen, wird allgemein sehr weit, im einzelnen aber unterschiedlich gezogen.

Es werden darunter Mitglieder und Angehörige der juristischen Person, stille Teilhaber, Mitglieder des Vorstandes oder Aufsichtsrates und Gläubiger verstanden[2]. Baumbach/Lauterbach[3] und Wieczorek[4] nehmen Gläubiger aus und deuten auch sonst eine Einschränkung des Personenkreises an. Aber allein Stein/Jonas[5] beschränkt die Gruppe auf solche Personen, „auf deren Vermögenslage sich das Siegen oder

---

[2] Vgl. Thomas/Putzo § 114, 4; Rosenberg/Schwab LB S. 444; BGH NJW 1955, 587.

[3] Baumbach/Lauterbach/Hartmann § 114, 5.

[4] Wieczorek § 114, E I; und ebenso: Zöller/Mühlbauer § 114, 4; RGZ 148, 196; RG JW 1935, 2953.

[5] Stein/Jonas/Schumann/Leipold § 114, V 1 a; und ebenso OLG Freiburg DRiZ 1950, 66.

Unterliegen der juristischen Person so stark auswirken würde, daß ihnen die Aufbringung der zur Prozeßführung erforderlichen Mittel billigerweise zugemutet werden kann". Als Beispiele sind GmbH-Gesellschafter, Großaktionäre, Muttergesellschaften im Verhältnis zu ihren Tochtergesellschaften, Verbände im Verhältnis zu den Mitgliedern und die Mitglieder eines Idealvereins genannt.

2. „Allgemeine Interessen"

Übereinstimmend[6] wird in Literatur und Rechtsprechung angenommen, daß allgemeine Interessen dann die Rechtsverfolgung bzw. Rechtsverteidigung erforderten, wenn „eine Entscheidung größere Kreise der Bevölkerung oder des Wirtschaftslebens anspricht und soziale Wirkungen nach sich zieht". Nicht genügen sollen das Interesse der Allgemeinheit an der richtigen Entscheidung und an der Bewahrung des Rechts in jedem Einzelfall und das an allgemein interessierenden Fragen[7]. Das Interesse ist bejaht worden

— erstens bei Patent- und ähnlichen Prozessen mit Ausländern[8];
— zweitens wenn bei öffentlich-rechtlichen juristischen Personen deren im Interesse der Allgemeinheit liegende Funktion gefährdet ist[9];
— drittens wenn von dem Prozeß eines privaten Unternehmers die Existenz des Betriebes und damit das Schicksal einer größeren Zahl von Mitarbeitern abhängt[10].

3. „Hinreichende Erfolgsaussichten"

Das Merkmal der hinreichenden Erfolgsaussicht gilt ohne Unterschied für juristische wie für natürliche Personen. Der Erfolg muß zwar nicht gewiß sein, „aber immerhin nach den vorhandenen Gegebenheiten eine gewisse Wahrscheinlichkeit für sich haben"[11]. „Auch die Rechtsverteidigung ist eine Rechtsverfolgung; jedoch wird dem armen Beklagten,

---

[6] Vgl. Stein / Jonas / Schumann / Leipold § 114, V 1 c; Wieczorek § 114, E II; Baumbach / Lauterbach / Hartmann § 114, 5 b; Blomeyer LB S. 741; Thomas / Putzo § 114, 4; Zöller / Mühlbauer § 114, 4; Rosenberg / Schwab LB S. 444; BGHZ 25, 113; BGH NJW 1965, 585; BFH NJW 1974, 256.
[7] Vgl. Baumbach / Lauterbach / Hartmann § 114, 5 b; Stein / Jonas / Schumann / Leipold § 114, V 1 c; Zöller / Mühlbauer § 114, 4; Rosenberg / Schwab LB S. 444; BVerfGE 35, 353; BGHZ 25, 183. Eine Ausnahme macht das LG Kassel (MDR 1954, 46), das das „Interesse an der Bewahrung" des Rechts ausreichen läßt.
[8] Vgl. Stein / Jonas / Schumann / Leipold § 114, V 1 c; Rosenberg / Schwab LB S. 444.
[9] Vgl. Stein / Jonas / Schumann / Leipold § 114, V 1 c; Begründung zu § 114 Abs. 4 ZPO, in: RAnz 1933 Nr. 257 S. 2.
[10] Vgl. Anm. 9 und BFH NJW 1974, 256; Rosenberg / Schwab LB S. 444.
[11] Baumbach / Lauterbach / Hartmann § 114, 2 C.

der mit der Klage überzogen wird, nur dann das Armenrecht zu versagen sein, wenn keinerlei Erfolgsaussicht für ihn besteht[12]."

4. „Mutwilligkeit"

Weiterhin darf die Rechtsverfolgung nicht mutwillig sein, d. h. „nicht abweichen von dem, was eine verständige, nicht arme Partei in gleichliegenden Fällen tun würde"[13]. In § 114 Abs. 1 Satz 2 ZPO ist der Fall darunter gefaßt, daß eine nicht arme Partei wegen schlechter Vollstreckungsaussichten gar nicht oder nur zu einem Teil klagen würde.

5. „Kann"

Ob die Entscheidung, worauf der Wortlaut hindeutet, eine Ermessensentscheidung ist[14] oder eine gebundene[15], ist streitig. Teilweise wird angenommen, daß das Gericht dann, wenn die Voraussetzungen vorliegen, das Armenrecht bewilligen müsse.

II. Die Entstehung des § 114 Abs. 4 ZPO

1. Das Änderungsgesetz vom 27. Oktober 1933

Die Regelung in § 114 Abs. 4 ZPO geht zurück auf die Justizreform des Jahres 1933 und wurde mit dem Änderungsgesetz vom 27. Oktober 1933 eingeführt. Vorher war in der ZPO kein Armenrecht für juristische Personen vorgesehen. Die damalige Regelung bezog sich nach der zu ihrer Zeit herrschenden Ansicht[16] nur auf natürliche Personen. Dieser Rechtszustand führte jedoch im Einzelfall zu ungewollten Konsequenzen. Es wurde als unbillig empfunden, daß z. B. unbemittelte öffentlich-rechtliche Stiftungen, kleinere Gemeinden und Betriebsräte

---

[12] OLG Celle NJW 1958, 187.
[13] Baumbach / Lauterbach / Hartmann a.a.O. m. w. N.
[14] So: Stein / Jonas / Schumann / Leipold § 114 IV 2 und Anm. 173 unter Berufung auf die Begründung zum Entwurf einer Zivilprozeßordnung v. 1931; Rosenberg / Schwab LB S. 444; Thomas / Putzo § 114, 4; Zöller / Mühlbauer § 114, 4; BVerfGE 35, 359; OLG Kiel JW 1933, 1083.
[15] So: Wieczorek § 114, D; Baumbach / Lauterbach / Hartmann § 114, 5 B.
[16] Vgl. RGZ 33, 337; 50, 394; 112, 108; RG JW 1901, 248; 1902, 250; RG Warn 1930, 37; RG SA 54, 95; OLG Dresden SA 50, 451; OLG Jena SA 74, 193; OLG Köln JW 1929, 679; OLG Hamm JW 1936, 1691; KG JW 1929, 1679; 1931, 85; OLG Frankfurt JW 1925, 654; OLG Hamburg SA 46, 215; Kurlbaum S. 81; Wetzel S. 16, 18; Baumann S. 8; Jonas JW 1931, 811 zu Nr. 6; Stein / Jonas, 14. Aufl. 1928 § 114 I (unter Berufung auf die Motive). Für eine Ausweitung des § 114 I ZPO a. F. auf juristische Personen sprechen sich aus: Seuffert / Walsmann § 114, 1; Förster / Kann § 114, 1; Schott S. 52 ff.; Feuchtwanger JW 1931, 85 ff.; Jacobi JW 1930, 751; Hellwig S. 235; Rosenberg LB 3. Aufl. 1931 S. 250 und ZZP 53, 449; KG ZZP 13, 369 (für Kirchen, Schulen und ähnliche Institute).

außerstande waren, Prozesse zu führen, die zu ihren im Interesse der Allgemeinheit liegenden Aufgaben gehörten[17].

Die Neuregelung wollte dem Rechnung tragen und aus Gründen des Allgemeininteresses eine Ausnahme von dem Grundsatz schaffen, daß juristische Personen nicht armenrechtsfähig sind[18]. Es sollten also mit § 114 Abs. 4 ZPO nicht Individualinteressen der juristischen Person geschützt werden, sondern Belange der Allgemeinheit. Aus diesem Grunde wurde nicht nur das Merkmal der „allgemeinen Interessen" in den Wortlaut aufgenommen[19], sondern auch die Bewilligung in das Ermessen des Gerichts gestellt und damit die Möglichkeit einer engen Auslegung gegeben[20]. Dadurch, daß man bei der Feststellung der Armut auch das Vermögen der wirtschaftlich Beteiligten berücksichtigte, sollte verhindert werden, daß Personengesamtheiten das Armenrecht bewilligt würde, ohne daß dies für die hinter ihr stehenden natürlichen Personen notwendig wäre[21].

Heute wird diese Regelung als unzulänglich empfunden und Abhilfe verlangt[22]. Diese Forderung bildet den Endpunkt in der wechselvollen Geschichte des § 114 Abs. 4 ZPO, die 1848 mit der Allgemeinen Bürgerlichen Prozeßordnung für das Königreich Hannover begann. Dort war in § 47 Abs. 1 ein Armenrecht für juristische Personen vorgesehen, das sogar unabhängig von der subsidiären Verpflichtung Dritter zur Kostentragung gewährt werden sollte[23]. Bereits 1861 jedoch wurde in die gleiche Prozeßordnung ein Armenrecht für juristische Personen nicht mehr aufgenommen, weil man dies als zu weitgehend erachtete, insbesondere wegen der Nichtberücksichtigung beteiligter Dritter[24]. Dieser Einstellung entsprachen auch die folgenden Entwürfe für eine CPO, nämlich der Entwurf von 1866 für die deutschen Bundesstaaten[25] und der preußische Entwurf von 1871[26]. Ebenso sah die CPO von 1877[27] kein Armenrecht für juristische Personen vor. Erst der Entwurf einer ZPO von 1931 schlug die Gewährung von Armenrecht an juristische

---
[17] So die Erläuterungen zum Entwurf einer Zivilprozeßordnung von 1931 S. 296.
[18] Das ergibt sich aus der der Neuregelung zugrundeliegenden Begründung in RAnz 1933 Nr. 257 S. 2.
[19] Vgl. die Begründung in RAnz 1933 Nr. 257 S. 2.
[20] Vgl. die Erläuterungen zum Entwurf einer Zivilprozeßordnung von 1931 S. 296.
[21] s. Anm. 20.
[22] Vgl. Däubler BB 1969, 554 f.; Fechner JZ 1969, 352.
[23] § 47 (abgedruckt in: Dahlmann, Neudrucke, Bd. 1 S. 105 ff.).
[24] Anm. 2 zu § 62 II (abgedruckt in: Dahlmann, Neudrucke, Bd. 1 S. 385 ff.).
[25] § 83 (abgedruckt in: Dahlmann, Neudrucke, Bd. 2 S. 89).
[26] § 102 (abgedruckt in: Dahlmann, Neudrucke, Bd. 2 S. 281).
[27] Vgl. dazu: Hahn, Materialien § 103 S. 207.

Personen wieder vor, wenn sonst die Erfüllung ihrer gemeinnützigen Zwecke gefährdet wäre[28].

2. Das Verhältnis des § 114 Abs. 4 ZPO zu den Motiven und dem Entwurf von 1931

Aus den gleichen Motiven[29] entstand dann die heutige Regelung — allerdings mit einem in wesentlichen Punkten abweichenden Wortlaut. Nach § 117 Abs. 3 des Entwurfs von 1931 sollte „Personengesamtheiten anderer Art" (als die Personenhandelsgesellschaften des Abs. 2), „Stiftungen und Anstalten, die gemeinnützigen Zwecken dienen", das Armenrecht bewilligt werden können, „wenn die Aufbringung der Prozeßkosten die Erfüllung ihrer Aufgaben gefährden würde". Diese Regelung zeigt nur noch entfernt eine Identität mit dem geltenden § 114 Abs. 4 ZPO, obwohl eine solche beabsichtigt war. Beide Bestimmungen gingen von der gleichen Konzeption aus, sahen aber unterschiedliche Regelungen vor.

a) „Wirtschaftlich Beteiligte"

Augenscheinlich ist der Unterschied, daß im Entwurf von wirtschaftlich Beteiligten nicht die Rede war, die erst in der Regelung des § 114 Abs. 4 ZPO erscheinen. Der Entwurf indes übersah das besondere Verhältnis zwischen den juristischen Personen und deren Trägern keineswegs, sondern wollte dies bei der Ermessensentscheidung des Richters berücksichtigen. Dieser sollte selbst bei Vorliegen der gesetzlichen Voraussetzungen das Armenrecht dann ablehnen, wenn an der Partei „vermögende Personen so nahe beteiligt sind, daß diesen die Aufbringung der zur Prozeßführung erforderlichen Mittel zugemutet werden kann"[30]. Dieses entspricht nicht der heutigen Regelung, die nach ihrem Wortlaut und in der Auslegung der herrschenden Meinung viel weiter geht. Allein der Entwurf trifft indes die Bedeutung der Teilnahme Dritter an den Kosten richtig als enge Ausnahme, die eine an sich gerechtfertigte Armenrechtsgewährung ausschließt, während § 114 Abs. 4 ZPO pauschal alle wirtschaftlich Beteiligten berücksichtigt, als seien sie immer und ohne Unterschied zur Kostentragung verpflichtet. § 114 Abs. 4 ZPO durchbricht die Trennung zwischen juristischer Person und ihren Trägern grundsätzlich, der Entwurf nur in bestimmten Fällen, wenn Sinn und Zweck des Armenrechts es erfordern.

---

[28] § 117 Abs. 3.
[29] Vgl. die Begründung in RAnz 1933 Nr. 257 S. 2.
[30] Vgl. die Erläuterungen zum Entwurf einer Zivilprozeßordnung von 1931 S. 269.

II. Die Entstehung des § 114 Abs. 4 ZPO

b) „Kann"

Zudem ergibt sich allein dadurch, daß Dritte erst bei der Ermessensentscheidung berücksichtigt werden, auch ein vernünftiger Sinn für die Einräumung des Ermessens. Den Motiven des Entwurfs ist zu entnehmen, daß bei der Einräumung von Ermessen allein an die Beteiligung Dritter gedacht war. Die Regelung des § 114 Abs. 4 ZPO übernahm hingegen die Ausgestaltung des Entwurfs ohne Klarheit darüber, welche Gesichtspunkte bei der Ermessensentscheidung zu berücksichtigen sein könnten. Da solche Kriterien neben der Beteiligung Dritter auch nicht denkbar und bis heute in keinem Fall angesprochen sind, ist die Ausgestaltung als Ermessensentscheidung verfehlt, nachdem das einzige in Frage kommende Kriterium bereits in den Tatbestand aufgenommen worden war.

Mit heutiger Rechtsauffassung unverträglich ist das in den Motiven zum Entwurf von 1931 erwähnte und auch der Regelung des § 114 Abs. 4 ZPO zugrundeliegende Anliegen des Gesetzgebers, durch die Ermessenseinräumung den juristischen Personen einen Anspruch auf Armenrechtsgewährung zu versagen. Ein subjektives Recht des Bürgers aus der Verfassung kann nicht dadurch zunichte gemacht werden, daß man die Entscheidung ins Ermessen des Gerichts stellt. Der Anspruch auf Justizgewährung[31] enthält den Anspruch auf Armenrecht unter bestimmten Voraussetzungen. Ein solches verfassungsmäßig garantiertes Recht kann vom „einfachen" Gesetzgeber nicht relativiert werden.

c) „Allgemeine Interessen"

Am auffälligsten wird die verfehlte Abfassung des Gesetzes im Verhältnis zu seiner Begründung und dem Entwurf in der Betrachtung des Merkmals der „allgemeinen Interessen". Mit diesem Merkmal sollte verkürzt das wiedergegeben werden, was im Entwurf mit der Gefährdung des gemeinnützigen Zwecks der juristischen Person gemeint war. Dafür sprechen zumindest die Motive, wenn auch die Regelung daran kaum noch erinnert.

Die Unterlassung der Rechtsverfolgung oder -verteidigung läuft allgemeinen Interessen zuwider, wenn die Entscheidung eines bestimmten Rechtsstreits im allgemeinen Interesse liegt. Etwas anderes ist aber gemeint und auch im Entwurf angesprochen. Abgestellt werden sollte nicht allein auf bestimmte Streitfragen, sondern weitgehend auf die Erhaltung der im Allgemeininteresse liegenden Funktionsfähigkeit der juristischen Person. Dazu wurde auch die Existenzsicherung von großen

---

[31] Siehe unten 2. Teil Abschnitt II 1 b) (2).

Unternehmen gerechnet, um die Allgemeinheit vor einer Vielzahl arbeitsloser Arbeitnehmer zu schützen. Zwar kann die Unterlassung bestimmter Rechtsverfolgungen oder Rechtsverteidigungen die Funktionsfähigkeit der juristischen Person beeinträchtigen, was zweifellos auch vom Streitgegenstand abhängt. Jedoch können, wie das Beispiel der Arbeitnehmer zeigt, allgemeine Interessen auch über bestimmte Streitgegenstände hinaus berührt sein. Diese Fälle umfaßt der Wortlaut des § 114 Abs. 4 ZPO nicht mehr.

Es ist daher unzulänglich, nur den Prozeßgegenstand auf seinen Allgemeinheitsbezug zu untersuchen. Vielmehr wäre es sinnvoll zu fragen, ob unabhängig von einem bestimmten Streitgegenstand nicht allgemeine Interessen die Armenrechtsgewährung erfordern. Das hätte etwa durch die Formulierung geschehen können: „wenn die Armenrechtsgewährung durch allgemeine Interessen geboten ist". Der Wortlaut des § 114 Abs. 4 ZPO aber führt zu einer zu engen Sicht, die nur dadurch beseitigt werden kann, daß man bei der Auslegung über den Wortlaut hinausgeht.

Es ist nicht übertrieben, auch bezüglich des Merkmals der allgemeinen Interessen von einem Fehlschlag bei der Umsetzung der rechtspolitischen Idee in die rechtliche Regelung zu sprechen.

d) Ergebnis

Insgesamt drängt sich aus dem Vergleich der gesetzgeberischen Motivation mit der Regelung des § 114 Abs. 4 ZPO der Schluß auf, daß die Regelung mißlungen ist. Zwei ihrer Zentralbegriffe sind zumindest unscharf, wenn nicht verfehlt, die Einräumung von Ermessen ist undurchdacht und überflüssig.

III. Die Auslegung der Voraussetzungen im einzelnen

Das gesamte Ausmaß der gesetzgeberischen Konfusion wird indes erst deutlich, wenn man sich die Auslegung des § 114 Abs. 4 ZPO im einzelnen und die tatsächlichen Ergebnisse vor Augen führt.

1. „Wirtschaftliche Beteiligte"

Der bei der Feststellung der Bedürftigkeit zu berücksichtigende wirtschaftlich beteiligte Dritte muß nach dem Wortlaut des § 114 Abs. 4 ZPO „an der Prozeßführung wirtschaftlich beteiligt" sein. Aber an der Führung des Prozesses, also dessen Ablauf, kann es wirtschaftlich Beteiligte nicht geben. Nur rechtliche Beteiligungen sind möglich. Zwar sind rechtlich Beteiligte bei Streitigkeiten um Vermögenswerte grund-

III. Die Auslegung der Voraussetzungen im einzelnen

sätzlich auch wirtschaftlich beteiligt, aber nicht umgekehrt[32]. Wenn auch wirtschaftlich Beteiligte an der Prozeßführung nicht denkbar sind, so doch am Prozeßergebnis. Bei vermögensrechtlichen Streitigkeiten sind dies beispielsweise Gläubiger, Bürgen, Unterhaltsberechtigte, Anteilseigner, also alle Personen, deren Leistungserwartung aus dem Vermögen der betroffenen Partei mit deren Sieg oder Niederlage an Realisierbarkeit gewinnt oder verliert. Der Wortlaut spricht also für eine weite Auslegung dieses Merkmals. Nicht nur die Träger der juristischen Person, sondern auch andere Dritte fallen darunter.

Diese weite Auslegung indes führt in der Praxis zu unlösbaren Schwierigkeiten. Wie sollte bei großen Aktiengesellschaften im Armenrechtsprüfungsverfahren die Bedürftigkeit jedes einzelnen Aktionärs festgestellt werden, wo meist nicht einmal die Namen bekannt sind. Ein solcher Nachweis wäre der Aktiengesellschaft unmöglich. Er würde den Rahmen des summarischen Armenrechtsprüfungsverfahrens sprengen und zu hoffnungslosen Nachforschungen führen. Mit jedem Wechsel einer Beteiligung ergeben sich neue Konstellationen, denen die Armenrechtsgewährung immer folgen müßte. Ein ordnungsgemäßer Prozeß wäre nicht durchführbar.

Diese praktischen Hindernisse können nicht, wie es das OLG Hamburg[33] tut, damit abgebaut werden, daß sie „nach dem Gesetz hingenommen werden müssen". Es ist auch nicht zulässig, sie damit zu umgehen, daß man „die Gesamtheit der wirtschaftlich Beteiligten" als zur Aufbringung der Kosten in der Lage ansieht[33]. Das OLG teilt die voraussichtlich anfallenden Gerichtskosten nach Kopfteilen auf und stellt fest, daß der auf jeden einzelnen wirtschaftlich Beteiligten zukommende Anteil für diesen tragbar ist. Könnten einzelne der Beteiligten nicht ermittelt werden, so müßten eben die anderen deren Teil mit übernehmen. Abgesehen von den Bedenken, die aus der Trennung zwischen juristischen Personen und ihren Trägern folgen, ist ein solches Verfahren auch praktisch undurchführbar. Es erlegt den juristischen Personen das Risiko auf, Anteilseigner ausfindig zu machen, die bereit sind, die Kosten vorzuschießen. Das aber ist im Normalfall

---

[32] So auch OLG Düsseldorf MDR 1968, 331: „Der Begriff der wirtschaftlichen Beteiligung ist ausdehnend auszulegen. Es sind darunter nicht nur die rein finanziellen Vorteile der Vereinsmitglieder zu verstehen. Der Begriff reicht auch weiter als der Begriff der rechtlichen Beteiligung oder des rechtlichen Interesses. Entscheidend ist, ob die Mitglieder ein tatsächliches wirtschaftliches Interesse an der Prozeßführung haben, ob sich das Obsiegen oder Unterliegen des Vereins auf die Lage der Mitglieder wirtschaftlich auswirken würde und ob deren Heranziehung zu den Prozeßkosten zumutbar wäre."
Ähnlich auch RGZ 148, 197.
[33] OLG Hamburg MDR 1974, 939.

nicht möglich, da alle Anteilseigner gerade unter dem kapitalistischen Gesichtspunkt ihre Mitgliedschaft begründen, über ihren Einsatz hinaus kein weiteres Risiko einzugehen und von Nachforderungen unbehelligt zu bleiben. Das weite Merkmal der wirtschaftlich Beteiligten führt also im Normalfall zu einer Verweigerung des Armenrechts für juristische Personen.

Außerdem wird die unterschiedliche Stellung der einzelnen Anteilseigner verkannt. Zwar kann theoretisch eine wirtschaftliche Beteiligung z. B. des Kleinaktionärs an dem Prozeßergebnis der juristischen Person über den Kurs seiner Aktie konstruiert werden. Das entspräche jedoch nicht der Wirklichkeit, in der den Kleinaktionär die Prozesse der juristischen Person weder wirtschaftlich noch rechtlich berühren. Das gleiche gilt für Vereine, Gesellschaften, Genossenschaften und für Körperschaften des öffentlichen Rechts. Die Belastung der einzelnen Mitglieder mit den Kosten hieße, ihre tatsächliche und rechtliche Stellung außer acht lassen. Sie tragen für „ihre" juristische Person keinerlei Verantwortung und haben keinerlei Einfluß, der es rechtfertigen würde, ihnen eine solche Pflichtenposition gegenüber der juristischen Person aufzuerlegen.

Zu anderen Ergebnissen kann die Betrachtung von Groß-, Mehrheits- und Alleinaktionären führen. Sie sind wirtschaftlich beteiligt am Prozeß und haben zudem eine herausragende Stellung innerhalb der Aktiengesellschaft. Desgleichen ist die Verbindung zwischen juristischer Person und Anteilseigner bei der Gesellschaft mit beschränkter Haftung viel enger. Der Staat steht „seinen" Anstalten erheblich näher als die Mitglieder „ihren" Körperschaften. In diesen Fällen erscheint eine Berücksichtigung bei der Feststellung der Bedürftigkeit möglich. Diese Frage soll indes an dieser Stelle nicht für alle Konstellationen entschieden werden. Festgehalten werden kann im Gegensatz zum Bundesverfassungsgericht[34] aber bereits hier, daß das Merkmal der wirtschaftlich Beteiligten in § 114 Abs. 4 ZPO viel zu weit geraten ist und daher in der Praxis zu untragbaren Ergebnissen führt.

2. „Allgemeine Interessen"

Zu Schwierigkeiten und ungereimten Ergebnissen führt auch die Auslegung des Merkmals der allgemeinen Interessen.

So ist es kaum zu erklären, warum das allgemeine Interesse an der streitigen Rechtsfrage nicht ausreichen soll, wohl aber das an dem

---

[34] Das Bundesverfassungsgericht behauptet in E 35, 359 daß die Regelung in „sachgerechter Weise" einen Mißbrauch der juristischen Person verhindere.

III. Die Auslegung der Voraussetzungen im einzelnen

Streit um ein Patent mit dem Ausland. Diese Unterscheidung ist vom Wortlaut nicht mehr getragen.

Ebenso fällt das allgemeine Interesse an der Bewahrung des Rechtsfriedens unter den Wortlaut, wird aber in Literatur und Rechtsprechung übereinstimmend zurückgewiesen[35].

Statt dessen werden begründungslos die gleichen Beispielsfälle aufgezählt. Eine Vielzahl von Arbeitnehmern wird vom Unternehmensprozeß nur dann betroffen, wenn es sich um ein Unternehmen bestimmter Größenordnung handelt. Es ist aber gar nicht einzusehen, warum ein Unternehmen erst groß geworden sein muß, um Armenrecht zu erlangen[36]. Allgemeinen Interessen entspricht es grundsätzlich, daß Konkursfälle möglichst selten bleiben, da mit jedem Konkurs volkswirtschaftliche Verluste entstehen. Das gilt bei großen und kleinen Betrieben. Außerdem ist es geradezu widersinnig, nur die großen Unternehmen zu schützen, wo das Bedürfnis für das Armenrecht bei den kleineren viel größer sein dürfte.

Ebenso erscheint es wenig sinnvoll, die juristischen Personen des öffentlichen Rechts, die funktionell immer im allgemeinen Interesse tätig werden, besonders zu privilegieren, wo ihnen eine Beschaffung der Prozeßkosten sehr viel leichter möglich ist und daher ein Bedürfnis für das Armenrecht weitgehend entfällt.

Wie unbrauchbar und überflüssig das Merkmal der allgemeinen Interessen ist, beweist eindrucksvoll das Bundesverfassungsgericht[37], das in seinem Fall auf das Erfordernis der allgemeinen Interessen verzichtete, weil dem Antragsteller trotz Fehlens allgemeiner Interessen an dem Rechtsstreit das Armenrecht gewährt werden müsse, weil sonst das Eigentumsrecht aus Art. 14 GG verletzt würde. Dazu soll später im einzelnen Stellung genommen werden.

An dieser Stelle ist jedoch festzuhalten, daß die Beschränkungen bei der Auslegung der allgemeinen Interessen zwar in Einklang mit dem historischen Sinne des § 114 Abs. 4 ZPO gebracht werden können, damit aber gleichzeitig den juristischen Personen in fast allen Fällen das Armenrecht verschlossen wird.

---

[35] An anderer Stelle hingegen wird dieses Interesse als ein Elementargrundsatz des Zivilprozesses bezeichnet: vgl. unten 2. Teil Abschnitt VI.
[36] Auf diesen Gesichtspunkt wird hingewiesen in „Capital" Jahrgang 1970, Heft 10, S. 88.
[37] BVerfGE 35, 360 ff.

3. „Kann"

Entgegen der gesetzgeberischen Intention und dem Wortlaut wird bereits heute teilweise die Entscheidung in § 114 Abs. 4 ZPO als gebundene angesehen[38].

Baumbach[38] begründet das damit, daß das „kann" nur die „Einbeziehung in den Machtkreis der Gerichte bezeichnet". Das kann allerdings angesichts der Formulierung in § 114 Abs. 1 ZPO nicht überzeugen.

Unerklärlich ist auch das Vorgehen des Bundesverfassungsgerichts[39], das zwar eine Ermessensentscheidung annimmt, statt aber Kriterien zu nennen, an denen die Entscheidung auszurichten sei, den Richter „an den Zweck der Regelung und den Wertungshinweis" bindet, „der vor allem in der Bezugnahme auf den ausfüllungsbedürftigen Begriff der allgemeinen Interessen zum Ausdruck gebracht ist". Damit, daß das Gericht auf den zuvor zu prüfenden Tatbestand des § 114 Abs. 1 ZPO verweist, ist nichts gewonnen, außer dem Eingeständnis, daß es offenbar andere Kriterien für die Ermessensausübung nicht gibt. Überdies vermischt das Gericht dann noch unzulässigerweise Tatbestand und Rechtsfolge, Beurteilungs- und Entschließungsermessen. Die Entscheidung auf der Tatbestandsseite, ob allgemeine Interessen berührt sind, kann nicht auf der Rechtsfolgenseite wieder aufgehoben werden. Und schon gar nicht kann die Ermessensentscheidung zur Ausfüllung des Tatbestandsmerkmals mit Beurteilungsspielraum benutzt werden.

Dieses krampfhafte Bemühen, die Armenrechtsbewilligung als Ermessensentscheidung aufrechtzuerhalten, ohne sich zu fragen, ob das sinnvoll ist oder wie es sinnvoll zu gestalten wäre, ist letztlich auf die fehlerhafte Gestaltung des § 114 Abs. 4 ZPO zurückzuführen.

4. „Mutwilligkeit"

Besondere Bedeutung kommt dem Merkmal der Mutwilligkeit zu, das § 114 Abs. 4 ZPO durch die Verweisung auf Abs. 1 in Bezug nimmt. Seine in § 114 Abs. 1 ZPO enthaltene Definition deutet auf Sinn und Zweck des Armenrechts als Institut zur Realisierung des Gleichheitssatzes hin. „Arm" und „reich" sollen gleichgestellt werden. Wenn ein finanzkräftiger Bürger nach angemessener Überlegung zu dem Ergebnis kommt, die Kosten für diesen Prozeß einzusetzen, so soll auch für den Armen der Prozeß an den Kosten nicht scheitern. Darin kommt der Grundgedanke zum Ausdruck, auf dem das Armenrecht basiert: Vermögensrechtliche Unterschiede sollen sich in Bezug auf die Durchset-

---

[38] Baumbach / Lauterbach / Hartmann § 114 5 B.
[39] BVerfGE 35, 359.

III. Die Auslegung der Voraussetzungen im einzelnen 25

zung des Rechtsschutzanspruchs nicht auswirken. Jedes berechtigte Prozeßverlangen soll erfüllt werden.

5. „Hinreichende Erfolgsaussicht"

§ 114 Abs. 4 ZPO verweist weiterhin auf das Merkmal der hinreichenden Erfolgsaussicht in Abs. 1. Er fordert hinreichende Erfolgsaussicht derjenigen Prozeßführung, die mit Hilfe des Armenrechts ermöglicht werden soll.

Die Erfolgsaussicht muß also positiv festgestellt werden. Es genügt demnach nicht, daß die Sache nicht aussichtslos ist. Die Aussichten sind rein objektiv zu werten. Hinreichend ist die Erfolgsaussicht dann, wenn sie so groß ist, daß eine Armenrechtsgewährung angebracht erscheint.

6. Die Ergebnisse des § 114 Abs. 4 ZPO in der Praxis

Über die aufgezeigten Ungereimtheiten bei der Auslegung der einzelnen Tatbestandsmerkmale hinaus läßt sich unschwer erkennen, daß § 114 Abs. 4 ZPO die juristischen Personen bei der Armenrechtsgewährung in weitem Umfang diskriminiert. Sie sind weitestgehend vom Armenrecht ausgeschlossen. Wenn das historisch auch zu erklären ist, entspricht es heute keineswegs mehr dem tatsächlichen Bedürfnis, wie es sich in statistischen Unterlagen und mehreren neueren Entscheidungen niederschlägt[40].

Nach Schätzungen der Hamburger Öffentlichen Rechtsauskunfts- und Vergleichsstelle liegt der Anteil der Gesuche um ein Armutszeugnis, die von Gesellschaften und Vereinen ausgehen, ungefähr bei einem Prozent aller Gesuche. Auf der Grundlage der Zahlen des Statistischen Bundesamtes über die Armenrechtsgesuche in der ordentlichen Gerichtsbarkeit des Bundes[41] ergibt sich damit eine durchschnittliche Zahl von ca. 1000 Gesuchen im Jahr.

Insbesondere auch ein Blick auf die Vorschriften der Konkursordnung macht das tatsächliche Bedürfnis von juristischen Personen nach einem effektiven Armenrecht deutlich. Nach §§ 213, 207 KO sind für juristische Personen Überschuldung und Zahlungsunfähigkeit Konkursgründe. Eine Belastung mit Prozeßkostenvorschüssen ohne Rücksicht darauf kann möglicherweise zur Liquidierung der juristischen Person führen, bevor der Prozeß entschieden ist, auch wenn die Kosten gegebe-

---

[40] Vgl. z. B. BVerfGE 35, 348 ff.; BFH NJW 1974, 256 ff.; OLG Hamburg MDR 1974, 939.
[41] Anzahl der Armenrechtsgesuche in der ordentlichen Gerichtsbarkeit:
1970 — 116.471
1971 — 104.139
1972 — 99.879.

nenfalls später vom Gegner erstattet werden müssen. Hierin wirken sich vor allem die Unterschiede zum Armenrecht der natürlichen Personen nach § 114 Abs. 1 ZPO aus, denen der zur Existenz notwendige Unterhalt erhalten bleibt. Gerade aber die Unterscheidung zwischen natürlichen und juristischen Personen durchzieht das gesamte Armenrecht.

Nach heute allgemeiner Auffassung[42] werden Personenhandelsgesellschaften nach § 114 Abs. 1 ZPO behandelt, weil die Gesellschafter, die als notwendige Streitgenossen den Gesellschaftsprozeß führen, schutzwürdig seien. Abgestellt wird darauf, daß sie persönlich haften und als natürliche Personen schutzwürdig seien[43]. Unter diesem Aspekt drängt sich die Frage auf, warum dann die Kommanditgesellschaft auf Aktien schlechter als die Kommanditgesellschaft behandelt werden soll. Die Haftungslage und die Beteiligung der Gesellschafter sind identisch. Der Unterschied besteht darin, daß die Kommanditgesellschaft auf Aktien eine juristische Person ist, die Kommanditgesellschaft Personalgesellschaft.

Die häufig[44] beschworene enge Verbindung zwischen Personalgesellschaft und Gesellschafter erweist sich bei näherem Hinblick als ungeeigneter Anknüpfungspunkt für eine pauschale Schlechterstellung der juristischen Person. Kommanditgesellschaften mit eindeutig kapitalistischer Kommanditistenbeteiligung sind heute weit verbreitet. Hier liegt für die Kommanditisten weder eine Verpflichtung zur Kostentragung vor noch ein so enges Verhältnis zur Gesellschaft, daß das Schicksal der Gesellschaft unmittelbar auf das der Gesellschafter durchschlägt. Dennoch wird diesen Gesellschaften unter erheblich leichteren Voraussetzungen das Armenrecht gewährt als z. B. einer kleinen Familien-GmbH oder der im Eigentum eines Alleinaktionärs stehenden Aktiengesellschaft, obwohl die Verbindung der oder des Gesellschafters zur Gesellschaft in den letztgenannten Fällen erheblich enger ist[45].

Vollends unklar wird der Fall, in dem eine juristische Person an einer Personalgesellschaft beteiligt ist, wie bei der GmbH + Co KG. Wird das Armenrecht hier nach § 114 Abs. 1 oder nach Abs. 4 ZPO gewährt? Stellt man auf die Haftung und das persönliche Interesse der „menschlichen" Gesellschafter ab, müßte § 114 Abs. 1 ZPO herangezogen

---

[42] Baumbach / Lauterbach / Hartmann § 114, 5 C; Stein / Jonas / Schumann / Leipold § 114 II; Zöller / Mühlbauer § 114, 1 a; BGH LM Nr. 6 zu § 114; a. A. noch: OLG Hamm JW 1936, 1691.

[43] Vgl. BGH LM Nr. 6 zu § 114; Kurlbaum S. 82; Baumann S. 8; Wetzel S. 20.

[44] Z. B. BGH LM Nr. 6 zu § 114; Fuhrmann S. 73, 88.

[45] Aus diesem Grunde befürworten Fuhrmann (S. 58 f.) und Kurlbaum (S. 83) eine Erstreckung des § 114 Abs. 1 ZPO a. F. auf diese Gesellschaften.

werden; legt man das Schicksal der juristischen Person zugrunde[46], § 114 Abs. 4 ZPO. Da beides im Wege einer Trennung nicht möglich ist, wird die Lösung immer unbefriedigend ausfallen, solange für das Armenrecht überhaupt zwischen juristischen und natürlichen Personen differenziert wird.

Die Aufzählung solcher Beispiele ließe sich fortsetzen. Deutlich wird aber schon jetzt, daß die Vorschrift des § 114 Abs. 4 ZPO auch deshalb zu untragbaren Ergebnissen führt, weil sie allein auf der Differenzierung zwischen den Rechtsfiguren der juristischen und der natürlichen Person beruht.

IV. Fragestellungen

Um Klarheit in die durch § 114 Abs. 4 ZPO hervorgerufene Unsicherheit, als deren deutlichstes Ergebnis der Beschluß des Bundesverfassungsgerichts[47] gelten kann, zu bringen, muß zunächst geklärt werden, ob die unterschiedliche Behandlung von juristischen und natürlichen Personen vor Art. 3 Abs. 1 GG Bestand haben kann. Sodann ist darzustellen, wie eine sinnvolle und verfassungskonforme Regelung des Armenrechts der juristischen Personen auszusehen hätte. Zuletzt ist zu fragen, ob dieses Ergebnis im Wege einer verfassungskonformen Auslegung des § 114 ZPO oder nur über dessen Änderung erreicht werden könnte.

---

[46] So Baumann S. 8 und Wetzel S. 21, die demzufolge eine Armenrechtsgewährung in diesem Fall ablehnen.
[47] BVerfGE 35, 348 ff.

Zweiter Teil

Die prozeßrechtliche Gleichheit von juristischen und natürlichen Personen

I. Die generelle Gleichstellung im Recht

Abgesehen von der gleichmäßigen Bezeichnung als „Person" legt es auch die Erfassung beider, der natürlichen und juristischen Personen, im Allgemeinen Teil des BGB nahe, sie im gesamten Recht grundsätzlich als „Rechtspersonen" gleich zu behandeln. Alle diejenigen Rechtssätze, die als Bezugssubjekt eine „Person" bezeichnen oder voraussetzen, sind demnach gleichermaßen auf natürliche wie auf juristische Personen anwendbar[1]. Einschränkungen ergeben sich zwingend nur daraus, daß bestimmte Normen an die natürlichen Eigenschaften der Person, wie sie nur Menschen haben, anknüpfen.

Der im Recht verwendete Personenbegriff beinhaltet als wesentlichstes Element die Eigenschaft der Rechtsfähigkeit, also der Fähigkeit, anderen Personen gegenüber rechtlich selbständiger Träger von Rechten und Pflichten zu sein. Insbesondere das Zivilrecht macht in dieser Hinsicht keine Unterschiede zwischen natürlichen und juristischen Personen. Es räumt den juristischen — ohne auf den Unterschied überhaupt einzugehen — die gleichen Rechte ein und erlegt ihnen die gleichen Pflichten auf wie natürlichen Personen. Besondere Erwähnung finden juristische Personen nicht einmal auf den Gebieten des Zivilrechts, deren Vorschriften auf sie nicht angewandt werden können. Vielmehr wird als selbstverständlich davon ausgegangen, daß beispielsweise das Familienrecht sich nicht auf juristische Personen beziehen kann. Allein dort, wo es um die Organisation der juristischen Personen geht, im Allgemeinen Teil des BGB, werden diese gesondert behandelt.

Diese Gleichstellung von juristischen und natürlichen Personen in ihrer Rolle als Rechtsträger setzt sich im Zivilprozeßrecht fort. Da der Wert eines jeden subjektiven Rechts entscheidend von dessen prozessualer Realisierbarkeit abhängt, kommen nach geltendem Recht juristische Personen stets in den Genuß gleichen Rechts- und Gerichtsschutzes wie natürliche Personen. Entsprechend unterliegen sie auf der

---

[1] Vgl. Serik S. 213.

anderen Seite als Träger von Pflichten gleichermaßen dem Zugriff der Gerichte. In prozessualer Hinsicht entspricht dem Personenbegriff die aktive und passive Parteifähigkeit, § 50 Abs. 1 ZPO. Juristische Personen können genau wie natürliche Kläger und Beklagter eines Prozesses sein.

In diesen Rollen kommen ihnen dann auch die gleichen prozessualen Rechte und Pflichten zu. Da auch das Armenrecht eine Einrichtung des Rechtsschutzes ist, die dessen Gleichheit und Effektivität sichern soll, ist konsequenterweise auch von einer armenrechtlichen Gleichbehandlung juristischer und natürlicher Personen auszugehen. Das liegt insbesondere dann nahe, wenn man als Bezugsperson des Armenrechts den Inhaber von Rechten, der diese Rechte als Kläger durchzusetzen versucht, oder den Verpflichteten, der sich gegen seine Inanspruchnahme wehrt, ansieht.

Im Gegensatz zu dieser Erkenntnis steht die Regelung des § 114 Abs. 4 ZPO, wo die Armenrechtsfähigkeit juristischer Personen im Grundsatz abgelehnt und nur für Ausnahmefälle vorgesehen wird.

II. Die Prüfung der armenrechtlichen Ungleichbehandlung unter dem Gleichheitsgrundsatz des Art. 3 Abs. 1 GG

Der Gleichstellung von juristischen und natürlichen Personen in ihrer Eigenschaft als Rechtssubjekte ist in Art. 19 Abs. 3 GG in besonders hervorstechender Weise Rechnung getragen worden, indem ihre Grundrechtsfähigkeit grundsätzlich anerkannt wird. Unbestritten ist, daß auch Art. 3 Abs. 1 GG seinem Wesen nach auf juristische Personen Anwendung findet[2]. Damit erfährt das Gebot der Gleichbehandlung von juristischen und natürlichen Personen „vor dem Gesetz", also auch als Berechtigter und Verpflichteter aus dem Gesetz, seine verfassungsrechtliche Absicherung. Alle Vorschriften, die eine Differenzierung zwischen juristischen und natürlichen Personen vorsehen, bedürfen also der Prüfung anhand des verfassungsrechtlichen Gleichheitsgrundsatzes; sie müssen mit ihm vereinbar sein.

1. Das Wesen des Armenrechts

a) BVerfGE 35, 348 ff.

Allgemein wird der duchschlagende Differenzierungsgrund im Wesen des Armenrechts gesehen, welches für juristische Personen nicht

---

[2] Vgl. v. Mangold / Klein, Art. 3 II 9 m. w. N.: „Der allgemeine Gleichheitssatz des Abs. 1 ist gem. Art. 19 Abs. 3 GG auch auf juristische Personen anwendbar und zwar sowohl in ihrem Verhältnis zueinander, als auch in ihrem Verhältnis zu natürlichen Personen und zu Personenvereinigungen in anderen Rechtsformen."
So auch: BVerfGE 4, 12; 6, 91; 6, 277; 3, 363; 3, 391; 19, 215; 23, 372 f.

passe[3]: der „fürsorgerische Charakter" des Armenrechts und seine verfassungsrechtliche Begründung aus dem Sozialstaatsprinzip entfalle bei juristischen Personen; das Gebot des sozialen Rechtsstaates sei „in besonderem Maße auf einen Ausgleich sozialer Ungerechtigkeiten zwischen den Menschen ausgerichtet" und diene „zuvörderst der Erhaltung und Sicherung der menschlichen Würde"; es sei ein „vom Staat zu verwirklichendes Gebot sozialer Solidarität, helfend einzugreifen, wenn sich der Mensch bemüht, zu seinem Recht zu kommen"[4]. Dieses Wesen des Armenrechts verbietet nach Ansicht des Bundesverfassungsgerichts eine Anwendung auf juristische Personen. Diese seien „künstliche Schöpfungen nach Maßgabe einer von der Rechtsordnung aus Zweckmäßigkeitsgründen zugelassenen Rechtsform". Existenzberechtigung besäßen sie grundsätzlich nur dann, wenn sie ihre „Ziele und Aufgaben aus eigener Kraft zu verfolgen" in der Lage seien; für die Bewahrung ihrer Existenz hätten die juristischen Personen grundsätzlich selbst zu sorgen, ohne daß der Staat verpflichtet sei, fürsorgerisch einzugreifen.

b) *Stellungnahme*

(1) Das Armenrecht und die Menschenwürde

Es kann nicht bezweifelt werden, daß es ein wesentliches Element der menschlichen Existenz ist, Rechte inne zu haben und durchsetzen zu können. Dennoch würde es eine Überspannung des Art. 1 Abs. 1 GG bedeuten, das Armenrecht ausschließlich als Ausfluß der Menschenwürde anzusehen. Die gerichtliche Durchsetzbarkeit von Rechten entspricht der Menschenwürde, gefordert wird sie aber nicht. Auch eine anders geartete Rechtsverwirklichung könnte denkbarerweise der Würde des Menschen Rechnung tragen. Es ist also — kurz gesagt — die Erfüllung des Postulats der Menschenwürde ohne Konzipierung eines Armenrechts und umgekehrt ein Armenrecht ohne das Gebot der Menschenwürde vorstellbar.

(2) Das Armenrecht und das Prinzip des sozialen Rechtsstaates

Auch ist nicht zu bestreiten, daß es insbesondere Aufgabe des sozialen Rechtsstaates ist, der menschlichen Würde zu dienen. Das sagt aber

---

[3] So zuletzt BVerfGE 35, 348 ff. ohne Aufführung abweichender Meinungen. — Erika Bockelmann (ZRP 1973, 164 ff.), Heimerich (BB 1960, 1071 ff.) und Koebel (NJW 1964, 392 f.) befassen sich nicht mit der Ausgestaltung des Armenrechts für juristische Personen, sondern weisen nur auf die Unzulänglichkeiten des heutigen Armenrechts überhaupt hin, welche sich besonders in § 114 Abs. 4 ZPO zeigten. Allein Däubler (BB 1969, 545 u. 551) fordert im Ergebnis ausdrücklich die Gleichbehandlung juristischer und natürlicher Personen.

[4] BVerfGE 35, 355 ff.

II. Prüfung unter dem Gleichheitsgrundsatz des Art. 3 Abs. 1 GG

nichts darüber aus, ob das Prinzip des sozialen Rechtsstaates ausschließlich diesem Zweck dient, und schon gar nichts darüber, daß es nur auf natürliche Personen zugeschnitten sei. Letztlich ist es Zweckbestimmung aller Rechte, insbesondere der Grundrechte, die Menschenwürde zu sichern. Dennoch kommen nicht nur Menschen in den Genuß der Grundrechte, sondern gleichberechtigt juristische Personen, Art. 19 Abs. 3 GG. Auch die juristischen Personen sind Teilhaber des sozialen Rechtsstaates. Auch ihnen gegenüber muß sich der Staat rechtsstaatlichen Erfordernissen entsprechend verhalten. Inwieweit die Institute des sozialen Rechtsstaates auf juristische Personen sinnvollerweise angewandt werden müssen, ist für jedes einzelne Institut und jede einzelne Regelung entsprechend Art. 19 Abs. 3 GG danach zu beurteilen, ob es seinem „Wesen" und seinem Inhalt nach Anwendung finden kann.

Eines der wesentlichsten Elemente des Rechtsstaates ist die Gewährung des Rechtsschutzes. Hierin ist der herrschenden Ansicht[5] zu folgen, die den Rechtsstaat auch als Rechtsweg- und Rechtsschutzstaat begreift. Neben der Aussage des Rechtsstaatsprinzips, nach der die Organe des Staates an Recht und Gesetz gebunden sind, gehört auch die gerichtliche Kontrollierbarkeit staatlicher Eingriffe dazu. Für das Verhältnis der Bürger untereinander ist der Staat nur insofern verantwortlich, als er für den Schutz des einzelnen auch vor den anderen Bürgern sorgen muß. Das gilt auch im Zivilrechtsbereich, in dem der Staat dem einzelnen die Instrumentarien seines Machtmonopols zur Verfügung stellt, wenn und weil diesem die Möglichkeit eigener Rechtsdurchsetzung genommen ist. Ein wesentliches Element des Rechtsstaates, der auch als Rechtsschutzstaat verstanden wird, ist also die Gewährung von Justiz im Zivilrechtsbereich, also im Verhältnis der Bürger untereinander.

Ist aufgrund der schlechten Vermögenslage einem Rechtsinhaber die Beschreitung des Rechtsweges nicht möglich, so ist er an der Geltendmachung des dem Rechtsstaat innewohnenden Justizgewährungsanspruchs[6] gehindert. Er kann eine staatliche Einrichtung nicht in Anspruch nehmen, die jedermann, unabhängig von der jeweiligen Vermö-

---

[5] Nachweise darüber, insbesondere auch über den Streitstand bei: Bettermann in: Die Grundrechte Bd. III 2 S. 788; Dütz S. 84, 145; Mes S. 16.

[6] Zu der Problematik des Justizgewährungsanspruchs, insbesondere zur Abgrenzung vom Rechtsschutzanspruch vgl.: Blomeyer, Festschrift für Bötticher, S. 61 ff.; Mes S. 15 ff. — Im vorliegenden Zusammenhang kommt es auf die Problematik nicht an. Es wird davon ausgegangen, daß der einzelne aus dem Rechtsstaatsprinzip einen Anspruch auf Justizgewährung ableiten kann, d. h. auf die Gewährung eines „rechtsstaatlichen, förmlichen gerichtlichen Verfahrens mit der Entscheidung durch unabhängige und sorgfältig vorgebildete Richter" (BGHZ 23, 120).

genslage, zustehen soll. In diesem Fall hat der Staat die Chancengleichheit (wieder) herzustellen, indem er auch dem Unbemittelten die Möglichkeit eröffnet, staatliche Leistungen in gleichem Umfange in Anspruch nehmen zu können wie ein Begüterter[7].

Gleichheit der Chancen geht grundsätzlich Hand in Hand mit Gleichheit der Lasten. Wer die gleichen Chancen hat, muß auch die gleichen Lasten tragen. Allerdings darf die Lastengleichheit die Chancengleichheit nicht wieder aufheben, da die eine Gleichheit die andere voraussetzt. Lasten und Chancen müssen also in einem abgewogenen Verhältnis zueinander stehen. Wo das nicht garantiert ist, muß der Staat ausgleichend wirken. So hat der Staat, der das Tätigwerden der Gerichte von Gebührenzahlungen abhängig macht, denjenigen, der diese Gebühren nicht aufbringen kann, davon zu befreien. Schreibt er die Vertretung durch Anwälte vor, so muß er gegebenenfalls bei deren Finanzierung helfen. Diese Pflichten obliegen ihm gegenüber jedem Rechtsinhaber, der der Rechtspflege des Staates bedarf. In dieser Hinsicht sind Unterschiede zwischen natürlichen und juristischen Personen unbeachtlich.

Zwar enthält das Sozialstaatsprinzip keine Aussage für Gesellschaften, sofern es um die Sicherung einer menschenwürdigen Existenz geht. Bei der Gleichbehandlung bezüglich des staatlichen Rechtsschutzes indessen ist dem Sozialstaatsprinzip die Verpflichtung zu entnehmen, daß unvermögende Personen den vermögenden gleichgestellt werden, indem eine ausreichende Ausnahmeregelung zur Kostenpflicht getroffen wird[8]. Das gilt sowohl für natürliche als auch für juristische Personen. Die zur Herstellung der Gleichheit im Rechtsschutz notwendige Ausnahme zur allgemeinen Kosten(vorschuß)pflicht erfolgt durch die Gewährung des Armenrechts. Dieses muß daher gleichermaßen juristischen wie natürlichen Personen gewährt werden (können).

(3) Das Armenrecht und die Garantie des rechtlichen Gehörs

Dafür spricht auch das verfassungsrechtlich vorgeschriebene „rechtliche Gehör" im Anwaltsprozeß. In allen Prozessen, in denen nur der Anwalt postulationsfähig ist, kann sich die Partei ausschließlich durch ihn Gehör verschaffen. Da der Anwalt nur aufgrund eines entgeltlichen privatrechtlichen Vertrages tätig wird, ist das Recht auf rechtliches Gehör demjenigen genommen, der einen solchen Anwalt nicht finanzieren kann. Das Armenrecht dient also auch dem Zweck, dem Bedürftigen

---

[7] Zur Chancengleichheit vor Gericht vgl. Baumgärtel, JZ 1975, 425 ff.
[8] Vgl. BVerfGE 9, 130 f.; 10, 270; 2, 340; 35, 355; 22, 86; so auch Bettermann JurBl. 1972, 64.

die Möglichkeit zu eröffnen, im Anwaltsprozeß rechtlich gehört zu werden. In dieser Hinsicht sind juristische und natürliche Personen gleichgestellt, da ihnen das Justizgrundrecht des Art. 103 Abs. 1 GG gleichermaßen zukommt[9].

(4) Das Armenrecht als Mittel der Existenzsicherung

Diesem Ergebnis widerspricht keinesfalls, daß juristische Personen „künstliche Schöpfungen" sind. Unabhängig davon, ob diese Metapher sie zutreffend charakterisiert, sind sie mit ihrer Schaffung eigenständige, vollwertige Rechtssubjekte, die nicht willkürlich, also nur aufgrund ihrer Rechtsnatur benachteiligt werden dürfen.

Zwar ist dem Bundesverfassungsgericht[10] darin zu folgen, daß der Staat im Gegensatz zu den natürlichen Personen grundsätzlich nicht zur Existenzsicherung juristischer Personen verpflichtet sei. Gleichwohl heißt das nicht, daß juristische Personen beliebig vernichtet oder willkürlich von staatlichen Fürsorgeleistungen ausgeschlossen werden dürften. Lediglich die Frage, ob überhaupt die Existenz von juristischen Personen vernichtet werden kann, beantwortet sich unterschiedlich zu den natürlichen Personen. Insofern ist es nicht möglich, unter Berufung auf den existenzsichernden Charakter der Sozialhilfe diese den juristischen Personen von vornherein zu versagen.

Vielmehr ist im Einzelfall zu fragen, ob juristischen Personen diese Hilfe sinnvollerweise zugute kommen kann oder bei Geltung des Gleichheitssatzes dieses sogar geschehen muß. Das ist auf den verschiedenen Sachgebieten staatlicher Fürsorge unterschiedlich zu beantworten. Niemand käme auf den Gedanken, z. B. Arbeitslosenunterstützung oder Wohngeld auch für juristische Personen zu verlangen, weil juristische Personen weder arbeitslos sein noch eine Wohnung haben können. Andererseits ist die Inanspruchnahme von Subventionen auf wirtschaftlichem Gebiet eine Selbstverständlichkeit auch für juristische Personen.

Die Eigenart der juristischen Personen als „künstliche Schöpfungen" und vernichtbare Rechtspersönlichkeiten gibt also für die Frage, ob sie in den Genuß der Fürsorge in Form von Armenrecht kommen können und müssen, nichts her. Abzustellen ist darauf, daß das Armenrecht Teil des Prozeß- und Kostenrechts ist. Auf diesem Gebiet haben juristische Personen Rechte und Pflichten wie jede andere Person; sie können und müssen also auch gleichermaßen in den Genuß staatlicher Unterstützungen kommen.

---

[9] Vgl. Maunz / Dürig Art. 103 I Rdnr. 12 m. w. N.
[10] BVerfGE 35, 355 f.

(5) Das Armenrecht als Prozeßkostenhilfe

Es geht im übrigen — und das ist der wesentlichste Gesichtspunkt — bei der Gewährung von Armenrecht gar nicht notwendig um die Existenzsicherung kostenbedrohter Parteien. Zwar legt es die Bezeichnung *Armenrecht* und die damit vom Gesetzgeber verknüpfte Vorstellung von einer der allgemeinen Armenhilfe gleichen Fürsorge[11] nahe, diese auf natürliche Personen zu beschränken. Indes ist diese Deutung heute nicht mehr zutreffend.

In vielen Fällen wird sich die Gewährung von Armenrecht als Bewilligung sozialer Hilfe für in ihrer materiellen Existenz gefährdete Menschen darstellen. Im Prinzip aber ist sie das nicht. Die §§ 114 ff. ZPO sind als Vorschriften konzipiert, die als von der Verfassung gebotene Ausnahmen zu den Kostengesetzen zu verstehen sind. Daß bereits das geltende Armenrecht mehr an dem Gedanken einer solchen Ausnahme als an dem der allgemeinen Armenfürsorge ausgerichtet ist, zeigt sich deutlich bei der Untersuchung des Tatbestandsmerkmals der Armut, das in § 114 Abs. 1 ZPO definiert ist. Danach kommt es nicht auf Mindesteinkommen und Existenzgefährdung an, also absolute Größen, sondern nur auf das Verhältnis der Finanzkraft des Rechtsuchenden zu den voraussichtlich anfallenden Prozeßkosten[12]. Bei einem aufwendigen Prozeß mit hohem Streitwert kann also auch ein begüterter Bürger „arm" im Sinne des § 114 Abs. 1 ZPO sein. Jemand kann durchaus menschenwürdig leben, ohne im konkreten Fall in der Lage zu sein, einen bestimmten Rechtsanspruch auf eigene Kosten durchzusetzen. Eben der Charakter der Fürsorge oder Sozialhilfe als ultima ratio für einen existenzbedrohten Bürger fehlt dem Armenrecht.

Die Gewährung von Armenrecht ist nicht abhängig vom Vorliegen einer menschlichen oder existenziellen Not, sondern von prozessualer Not, genauer von einem Kostennotstand des Rechtsuchenden. Die Armenrechtsgewährung berührt die Frage der Existenzgefährdung nur insoweit, als es nach § 114 Abs. 1 ZPO keiner natürlichen Person zugemutet wird, ihre Existenz aufs Spiel zu setzen, um ein Recht zu realisieren oder zu verteidigen. Der notwendige Unterhalt bleibt ihr allemal erhalten: als Prozeßbeteiligter gemäß § 114 Abs. 1 ZPO, als Kostenschuldner über die Vollstreckungsschutzvorschriften der ZPO. Das Armenrecht ist seinem Wesen nach eine Prozeßvergünstigung für diejenige Partei, die die ihr anfallenden Kosten zur Zeit nicht aufbringen

---

[11] Zum Armenrecht als Armenfürsorge vgl.: Fuhrmann S. 56; Kurlbaum S. 81; Bunsen ZZP 28, 203; BVerfGE 35, 358; OLG München ZZP 52, 76 f. — Aber bereits 1900 stellte Schott (S. 179) fest, daß die Bewilligung des Armenrechts kein Almosen sei, sondern aus der Pflicht des Staates folge, Recht zu sprechen.

[12] So schon Kurlbaum (S. 81), der dann aber zwischen Armenrecht und Gebührenfreiheit unterscheidet.

II. Prüfung unter dem Gleichheitsgrundsatz des Art. 3 Abs. 1 GG

kann. Entscheidend ist die Unfähigkeit zur eigenen Leistung. Es handelt sich demnach um Fürsorge mit einem viel weiteren Anwendungsbereich als die Armenhilfe, die Hilfe bei existenzieller Not. Das Armenrecht ist eine staatliche Sozialhilfe im Bereich der Rechtspflege[13], ist eine jedem Rechtsinhaber nach Maßgabe seines Leistungsvermögens zustehende Prozeßkostenhilfe.

Das erkennt zwar auch das Bundesverfassungsgericht[14], verwertet diese Erkenntnis aber nicht, sondern identifiziert ohne Begründung die Fürsorge des Armenrechts mit der viel enger begrenzten Armenhilfe, deren Anwendung auf natürliche Personen beschränkt ist. Demgegenüber hat der Bundesgerichtshof[15] bei der Frage der Prozeßkostenvergünstigung durch einseitige Streitwertherabsetzung nach § 53 Abs. 1 PatG entschieden, daß diese auch juristischen Personen zugute kommt. Diese Vorschrift ist genau wie die entsprechenden §§ 247 Abs. 2 und Abs. 3 AktG, 23 a UWG, 31 a WZG und 17 a GebrMG, in denen ebenfalls eine einseitige, d. h. auf eine Partei beschränkte Streitwertherabsetzung ermöglicht wird, aus sozialen Gesichtspunkten eingefügt worden, also unter den gleichen Grundgedanken wie das Armenrecht, ohne daß das der Anwendung auf juristische Personen entgegenstände.

c) Ergebnis

Als Rechtsuchende vor Gericht sind juristische und natürliche Personen gleichgestellt. Zu hohe Kosten hindern beide gleichermaßen an der Durchsetzung ihrer Rechte. Beide kommen demnach auch ohne Unterschied in den Genuß der dargelegten Wirkungen des sozialen Rechtsstaates. Juristischen Personen und natürlichen ist das Armenrecht also grundsätzlich unter den gleichen Voraussetzungen zu gewähren. Kein sachlicher Differenzierungsgrund ist die angebliche oder tatsächliche „Wesensverschiedenheit" von juristischen und natürlichen Personen.

2. Das Armenrecht und die Haftungslage

Ein weiterer Grund für die Schlechterstellung der juristischen Personen gegenüber den natürlichen Personen wird seit jeher darin gesehen, daß die hinter der juristischen Person stehenden natürlichen Personen die wirtschaftlichen Vorteile der Haftungsbeschränkung in Anspruch nehmen können[16]. Wenn jemand durch die Zwischenschaltung einer

---
[13] So Bettermann JZ 1962, 675.
[14] BVerfGE 35, 355.
[15] BGH LM Nr. 2 zu § 114 ZPO.
[16] Vgl. BGH LM Nr. 6 zu § 114 ZPO; Kurlbaum S. 83; Wetzel S. 20; Baumann S. 8 (der in der persönlichen Haftung den Grund für die Armenrechtsgewährung überhaupt sieht); BVerfGE 35, 359 („Personen, die sich juristischer Personen im Rechtsverkehr bedienen...").

2. Teil: Die prozeßrechtliche Gleichstellung

juristischen Person seine Haftung „künstlich" beschränkt[17], so soll er nicht zum Armenrecht zugelassen werden. Die natürlichen Personen hinter der juristischen müßten neben dem „guten Tropfen" der Haftungsbeschränkung auch den „bösen Tropfen" der Armenrechtsversagung hinnehmen[17]. Eine Begründung für diese Behauptung ist bis heute nicht erfolgt. Dennoch hat das Bundesverfassungsgericht[18] sie — ebenso ohne Begründung — übernommen.

Sollte man dabei von der Auffassung ausgegangen sein, daß der Justizfiskus wegen der Haftungsbeschränkung um seine Gebührenansprüche gebracht werde, so wäre das in doppelter Hinsicht falsch. Wenn das Armenrecht die Hintermänner überhaupt beträfe, so könnten diese sich auch ihrer Kostenpflicht nicht entledigen, da sie Kostenschuldner wären. In Wahrheit sind aber die Hintermänner gar nicht betroffen, da sie für die Prozeßkosten nicht haften, während die juristische Person nicht nur mit ihrem gesamten Vermögen, sondern auch mit ihrer Existenz, also weiter als die natürlichen Personen haftet. Das wird von der herrschenden Meinung verkannt, wenn das Argument der Haftungsbeschränkung ins Spiel gebracht wird.

Man könnte einwenden, daß natürliche Personen mit der Erhaltung ihrer Existenz in die Lage versetzt würden, dem Gläubiger immer neue Zugriffsmöglichkeiten zu schaffen, was den juristischen Personen mit ihrer Auflösung unmöglich werde. Diese Auffassung kann aber selbst dann nicht anerkannt werden, wenn bei den in Konkurs gefallenen natürlichen Personen der gute Wille zur Gläubigerbefriedigung vorausgesetzt werden könnte. Denn es ist nicht zu sehen, welche Verbindung zwischen der Rechtsdurchsetzung bzw. Verteidigung einerseits und der Haftungsbeschränkung andererseits bestehen sollte. Auch jemand, der seine Haftung beschränkt hat, muß doch seine Rechte gerichtlich gleichberechtigt durchsetzen können. Eine sachliche Verknüpfung zwischen dem Armenrecht und der Haftungslage besteht höchstens insoweit, als es um die Frage der Armut geht, also um die Feststellung, wer in welchem Umfang die Prozeßkosten aufzubringen hat. Keinesfalls kann generell von einer armenrechtlichen Schlechterstellung desjenigen ausgegangen werden, der seine Außenhaftung beschränkt, weil das für die Durchsetzung subjektiver Rechte ohne Bedeutung ist[19].

Zudem ist das Problem der Haftungsbeschränkung nicht auf Prozesse juristischer Personen beschränkt. Auch beim Armenrecht natürlicher Personen stellt es sich in gleicher Weise, ohne daß dem Bedeutung bei-

---

[17] KG JW 1931, 86.
[18] BVerfGE 35, 356.
[19] So im Ergebnis auch schon Feuchtwanger JW 1931, 85, 86.

gemessen würde. Niemand ist beispielsweise auf den Gedanken gekommen, den Erben, der seine Haftung für Nachlaßverbindlichkeiten gem. §§ 1975 ff. BGB auf den Nachlaß beschränkt hat, in einem Erbschaftsprozeß bei der Armenrechtsgewährung etwa entsprechend § 114 Abs. 4 ZPO schlechter zu behandeln, als wenn die Haftungsbeschränkung nicht erfolgt wäre. Fraglich kann nur sein, ob ihm zugemutet werden muß, über die Grenzen seiner Haftung hinaus neben dem Nachlaß auch sein Privatvermögen zur Finanzierung des Prozesses einzusetzen, bevor das Armenrecht gewährt wird.

Die entsprechende Frage nach der Berücksichtigung des Privatvermögens von Gesellschaftern und Mitgliedern juristischer Personen und Personalgesellschaften im Gesellschaftsprozeß, bzw. im Prozeß der juristischen Person, ist aber so komplex und muß so differenziert gelöst werden, daß darauf im Dritten Teil gesondert eingegangen werden soll. An dieser Stelle ist nur festzuhalten, daß die Haftungslage keine Begründung für eine grundsätzliche armenrechtliche Schlechterstellung juristischer Personen im Verhältnis zu den natürlichen abgeben kann.

III. Der Grundsatz der Waffengleichheit im Prozeß

Nachdem feststeht, daß es keine sachlich ausreichenden Gründe dafür gibt, juristische Personen bei der Gewährung von Armenrecht schlechter als natürliche zu behandeln, ist zu prüfen, ob es nicht im Gegenteil positive Gründe für eine Gleichbehandlung gibt.

Ein wesentliches Element des Gleichheitssatzes im prozessualen Bereich ist das Gebot der sogenannten Gleichheit der Waffen. Unter Waffengleichheit, auch Gegnergleichheit genannt, ist die Gleichstellung der Parteien im Prozeß zu verstehen, die darin besteht, daß beide Parteien die gleichen Chancen haben müssen, den Prozeß zu gewinnen, also ihn einzuleiten und im laufenden Prozeß eine gerechte, ausgewogene Stellung gemessen an den prozessualen Rechten innezuhaben. Zu vergleichen sind nicht zwei verschiedene Personen, die beide um Armenrecht nachsuchen, sondern das Verhältnis zwischen zwei Parteien, die sich im Streit gegenüberstehen[20].

1. Das Verhältnis zwischen den Parteien

Soweit die Prozeßmittel an Gebühren gekoppelt sind, ist derjenige, dem die Zahlung unmöglich ist, in dem Gebrauch der prozessualen Waffen beschränkt. Es ist also zunächst auf die Frage einzugehen, wann

---

[20] Vgl. Bötticher S. 9; Mes S. 73; Maunz / Dürig Art. 3 I Rdnr. 50.

als Ausgleich das Armenrecht gewährt werden muß bzw. wann die Versagung gegen den Grundsatz der Waffengleichheit verstößt.

Unterschiede ergeben sich wie bei jeder Kosten- und Gebührenerhebung daraus, daß die Kostenlast eine vermögende Partei weniger trifft als einen geringer Bemittelten. Eine solche Ungleichbehandlung wird sich, wie auch das Bundesverfassungsgericht festgestellt hat[21], nie vermeiden lassen. Nur krasse Unterschiede seien auszugleichen.

Ausgleichsbedürftig sind auf jeden Fall solche Unterschiede, durch die unabhängig von der subjektiven Anschauung des einzelnen ein objektiver Beobachter in der Person der Partei sich gegenüber einem Gegner so beeinträchtigt sähe, daß er den Prozeß nicht oder nicht mit allen geeigneten Mitteln betreiben kann. In dem Moment ist die Grenze der vertretbaren Ungleichbehandlung überschritten. Die vermögensmäßigen Unterschiede wirken sich direkt auf die gesetzlich gleichmäßig eingeräumten Prozeßrechte aus und erschweren den Gebrauch im Einzelfall bis zur Unmöglichkeit. Damit wird gleichzeitig die Durchsetzung oder Verteidigung der materiellen Rechte, der der Prozeß dienen soll, gefährdet. Die rechtlich gleiche Kostenbelastung wirkt sich faktisch ungleich zum Nachteil der sozial schwachen Partei aus.

In dieser Situation verlangt nach richtiger Ansicht des Bundesverfassungsgerichts[21] das Gleichheitsprinzip in Verbindung mit dem Sozialstaatsprinzip, daß nicht nur die rechtlichen, sondern auch die faktischen Unterschiede ausgeglichen werden. Dabei geht das Bundesverfassungsgericht[22] über die im Gleichheitssatz des Art. 3 Abs. 1 GG postulierte Gleichheit vor dem Gesetz hinaus und gelangt unter Zuhilfenahme des Grundsatzes des sozialen Rechtsstaates zu einer die soziale Wirklichkeit berücksichtigenden Auslegung des Gleichbehandlungsgebotes.

In diesem Zusammenhang hat das Armenrecht die Aufgabe, den Unterschied der wirtschaftlichen Leistungsfähigkeiten auszugleichen, bis die Waffengleichheit wieder hergestellt ist. Dieses Ziel ist dann nicht erreicht, wenn trotz mangelnder Fähigkeit, die Kosten aufzubringen, das Armenrecht versagt wird. Positiv ausgedrückt würde das Armenrecht seiner Aufgabe, Waffengleichheit zu garantieren, nur dann gerecht werden, wenn es allen Parteien, die aufgrund ihrer mangelhaften Vermögenslage dieser Hilfe bedürfen, offenstände. Zu klären ist demnach das Problem, wann in Hinblick auf den Gleichheitssatz eine Partei der staatlichen Hilfe bedarf, wer „arm" im Sinne des Armenrechts sein soll.

Der Gesetzgeber hat sich dafür entschieden, daß für die Prozeßführung das gesamte Vermögen und Einkommen eingesetzt werden muß.

---
[21] BVerfGE 9, 124, 130.
[22] Z. B. in BVerfGE 9, 130; 10, 270; 2, 340; 22, 86.

III. Der Grundsatz der Waffengleichheit im Prozeß

Armenrecht soll nur erhalten, wem es unter Aufwendung aller ihm zur Verfügung stehenden Mittel unmöglich ist, die Kosten aufzubringen, und wem damit der Rechtsweg verschlossen wäre. Allein bei natürlichen Personen bestimmt § 114 Abs. 1 ZPO, daß ihnen der notwendige Unterhalt für sich und ihre Familie erhalten bleiben soll. Jenseits des notwendigen Unterhalts wird es als unzumutbar erachtet, jeden erreichbaren Vermögenswert über die Pfändungsfreigrenzen hinaus heranzuziehen. Bei juristischen Personen ist eine solche Einschränkung nicht vorgesehen. Ihnen wird zugemutet, das gesamte Vermögen und ihre Kreditfähigkeit, also ihre Existenz, zur Beschreitung des Rechtsweges einzusetzen.

Weniger die Belastung der juristischen Personen nach § 114 Abs. 4 ZPO als vielmehr die Grenzziehung in Abs. 1 wird weithin[23] für unzureichend und verfassungswidrig gehalten. Es sei niemandem zumutbar, für die Verfolgung seiner Rechte sein gesamtes Vermögen und Einkommen aufs Spiel zu setzen[23]: der Grundsatz der Waffengleichheit sei verletzt, da demjenigen, der nur unter diesen unzumutbaren Voraussetzungen prozessieren könne, im Vergleich zu einem wohlhabenden Gegner entscheidend weniger prozessuale Instrumentarien zu Gebote ständen[23]; für diesen bestehe eine „faktische Rechtswegsperre"[24].

Diese Wertung bedarf einer differenzierten Stellungnahme: Die Frage, was den Parteien zugemutet werden kann, entscheidet primär der Gesetzgeber. Ihm obliegt die Konkretisierung der verfassungsrechtlichen Verpflichtung, jedermann das Beschreiten des Rechtswegs zu ermöglichen. Dabei ist er nur daran gebunden, daß er die Grenzen für alle Beteiligten gleichmäßig festzusetzen hat und bei der Aufstellung weiterer Voraussetzungen nicht sachfremden Erwägungen folgen darf[25]. Auch dann, wenn die Regelung den verfassungsrechtlichen Rahmen des Gleichheitssatzes nicht vollständig ausfüllt, ist sie noch nicht verfassungswidrig. Es könnten allenfalls die Kostenregeln in ihrer Gesamtheit verfassungsrechtlich bedenklich sein, nicht aber das Armenrecht, wenn man es für unzulänglich hält. Andere Vorstellungen über die Grenzen, in denen Armenrecht gewährt werden sollte, gehören in den Bereich der Rechtspolitik und können keinesfalls zu Fragen der Verfassungsmäßigkeit erhoben werden.

---

[23] Vgl. Däubler BB 1969, 551; Fechner JZ 1969, 352; Erika Bockelmann ZRP 1973, 165; Koebel NJW 1964, 392.
[24] So Fechner JZ 1969, 352 mit Beispielen und einer Darstellung der Folgen.
[25] Vgl. dazu: BVerfGE 1, 105 f.; 12, 367; 26, 62.

2. Das Verhältnis zwischen juristischen und natürlichen Personen als Parteien im Prozeß

Fraglich bleibt indes, ob der Gesetzgeber mit den unterschiedlichen Regelungen in § 114 Abs. 1 und Abs. 4 ZPO wirklich Waffengleichheit bewirkt oder nicht sogar Waffenungleichheit schafft. Dabei sind in Hinblick auf die Beteiligung der juristischen Personen am Prozeß zwei Konstellationen zu unterscheiden: Erstens eine juristische und eine natürliche Person stehen sich gegenüber; zweitens zwei juristische Personen prozessieren miteinander.

In der ersten Konstellation bekommen juristische und natürliche Personen das Armenrecht unabhängig von ihrer Parteirolle als Kläger oder Beklagter — allerdings unter verschiedenen Voraussetzungen.

a) „Notwendiger Unterhalt"

Ohne ähnlichen Schutz, wie ihn die natürliche Person über die Begrenzung des eigenen Einsatzes auf das den notwendigen Unterhalt übersteigende Vermögen und Einkommen erfährt, muß die juristische Person bis zur Grenze des ihr Möglichen alle verfügbaren Mittel einsetzen, um den Prozeß zu finanzieren.

Das mit dem Argument rechtfertigen zu wollen, daß juristische Personen für ihre Existenz selbst zu sorgen hätten, ist nicht möglich, da das kein Grund dafür sein kann, bei der Prozeßkostenhilfe juristische und natürliche Personen ungleich zu behandeln.

Es würde auch dem Zweck des Armenrechts zuwiderlaufen, die Durchsetzung von Rechten zu gewährleisten. Seine Gewährung wäre nämlich dann sinnlos, wenn der Rechtsinhaber in der Zwischenzeit des laufenden Prozesses bereits vernichtet worden wäre. Genau das wird aber meist die Folge sein, wenn juristischen Personen, bei denen Überschuldung und Zahlungsunfähigkeit bereits Konkursgründe sind (§§ 207, 213 KO), eine Eigenleistung bis an die Grenze des Möglichen zugemutet wird, also in der Regel bis zur Überschuldung und/oder Zahlungsunfähigkeit[27].

Es kann auch nicht argumentiert werden, daß die Pfändungsfreigrenzen, insbesondere § 850 c ZPO, nach denen der notwendige Unterhalt zu bemessen sein soll, nur für natürliche und nicht für juristische Personen gelte. Das hieße zu verkennen, daß § 850 c ZPO lediglich als Maßstab herangezogen wird, ohne daß wesensmäßig eine Verwandtschaft bestände zwischen dem notwendigen Unterhalt und den Pfän-

---

[27] BVerfGE 35, 356 schließt geradezu umgekehrt aus §§ 207, 213 KO auf die geringere Schutzwürdigkeit juristischer Personen, ohne die aufgezeigten Konsequenzen zu bedenken.

dungsfreigrenzen[28]. Die Wirkungen des Armenrechts gehen nämlich weiter, als es die Rücksicht auf die Pfändungsfreigrenzen gebieten würde. Entgegen der Situation bei der Vollstreckungshemmung, wo der Schuldner bezüglich des fälligen Anspruchs in Verzug gerät, entsteht im Falle des Armenrechts der Nachzahlungsanspruch erst mit dem Wegfall der Armut. Der Gebührenanspruch ist gestundet, nicht nur seine Durchsetzung gehemmt. § 850 c ZPO wird zur Bemessung des notwendigen Unterhalts also nur angewandt, weil er ein Indiz dafür liefert, was als zum Leben notwendiger Unterhalt anzusehen ist[29].

Daraus wird deutlich, daß das geltende Armenrecht für juristische Personen insgesamt und insbesondere in Hinblick auf seine Aufgabe, Waffengleichheit auch zwischen juristischen und natürlichen Personen zu bewirken, untauglich ist. Tauglichkeit kann es nur erlangen, wenn auch den juristischen Personen eine dem notwendigen Unterhalt entsprechende „Schongrenze" zugebilligt wird.

b) „Wirtschaftlich Beteiligte"

Bei natürlichen Personen stellt § 114 Abs. 1 ZPO allein auf die Zahlungsfähigkeit der Partei ab, während in § 114 Abs. 4 ZPO zudem noch die wirtschaftlich Beteiligten herangezogen werden.

Bereits die Darstellung im Ersten Teil hat erkennen lassen, zu welch unvernünftigen Ergebnissen die Auslegung der herrschenden Meinung führt. Unabhängig von der Auslegung im Einzelfall kann generell gesagt werden, daß nur dann eine Gleichbehandlung, und damit Waffengleichheit zwischen natürlichen und juristischen Personen erlangt werden kann, wenn auf hinter der Partei stehende Dritte gleichermaßen abgestellt würde.

Auch in § 114 Abs. 1 ZPO sind unter gewissen Voraussetzungen Dritte bei der Frage der Leistungsfähigkeit heranzuziehen. Dies geschieht aber nur dann ausnahmsweise, wenn Dritte „zu der Partei in so engen Rechtsbeziehungen stehen, daß ihnen ein Eintreten für die Prozeßkosten zugemutet werden kann und muß"[30]. Es handelt sich um Fälle, in denen die Armenrechtsbewilligung an eine Partei einen Dritten übermäßig und unbillig bevorteilen würde. Diese Konstellation ist — abstrakt — dann gegeben, wenn die Partei den Prozeß rechtlich oder wirtschaftlich für einen Dritten führt. Ganz deutlich wird das bei der Zession einer Forderung an einen unbemittelten „Strohmann" zur

---
[28] Vgl. dazu richtig: Hillermeyer BayVBl 1972, 409; OVG Berlin DVBl 1972, 429.
[29] Vgl. Zöller / Mühlbauer § 114, 1 a.
[30] OLG Köln MDR 1954, 236; OLG Celle NJW 1956, 1158; OLG Frankfurt DRiZ 1950, 66.

Einsparung eigener Prozeßkosten. Aber auch unabhängig von einer bewußten Umgehung sind Fälle denkbar, in denen die Gerechtigkeit oder die Billigkeit einen „Durchgriff" auf hinter der Partei stehende Dritte verlangt.

Nur solche Fälle dürfen auch in § 114 Abs. 4 ZPO erfaßt werden, wenn von den wirtschaftlich Beteiligten die Rede ist. Indem man aber alle Mitglieder und gar die Gläubiger der juristischen Personen berücksichtigt, sprengt man diesen Rahmen. Man benachteiligt dadurch die juristischen Personen gegenüber den natürlichen und verletzt damit den Grundsatz der Waffengleichheit.

Das Merkmal des wirtschaftlich Beteiligten ist so unbestimmt und weit, daß die einzige Korrekturmöglichkeit darin besteht, auch bei juristischen Personen die wirtschaftlich Beteiligten grundsätzlich unbeachtet zu lassen und auf sie nur dann zu verweisen, wenn ein solcher „Durchgriff" unter besonderen Voraussetzungen erforderlich ist.

c) „Allgemeine Interessen"

Ebenso ist auch nur in § 114 Abs. 4 ZPO das Merkmal der allgemeinen Interessen enthalten, die eine Rechtsverteidigung oder Rechtsverfolgung erforderlich machen müssen. Nicht nur, wenn man die wenigen Beispielsfälle dazu betrachtet, sondern auch, wenn man sich deutlich macht, wann nach allgemeiner Auffassung allgemeine Interessen keinesfalls berührt sind, ist klar erkennbar, daß in dieser Tatbestandsvoraussetzung eine Diskriminierung der juristischen Personen liegt.

Diese Diskriminierung ist sachlich ungerechtfertigt, weil jeder Prozeß primär Individualinteressen betrifft[31] und das Zulassungsrecht des Klägers im Zivilprozeß nicht von der Gemeinnützigkeit des Prozesses und der mit ihm verfochtenen Ziele abhängt. Die Frage, ob ein Individualrecht prozessual durchgesetzt oder verteidigt werden soll, entscheidet sich in erster Linie nach der Person des Rechtsinhabers bzw. des Verpflichteten. Ist für diesen das Armenrecht erforderlich, so können allgemeine Interessen die Bewilligung nur noch hindern, wenn es sich um die Abwehr von mutwilligen und überflüssigen Prozessen handelt. In diesen Fällen kann die Allgemeinheit nicht zur Unterstützung von Prozessen herangezogen werden, mit denen sie nicht belastet werden darf, weil das die Effektivität der Rechtspflege mindern würde[32].

---

[31] Vgl. Mes S. 94 m. w. N. und Hillermeyer BayVBl 1972, 408. Im modernen Schrifttum wird zwar zunehmend auf den sozialen Nutzen für die Allgemeinheit hingewiesen (Nachweise bei Erika Bockelmann ZRP 1973, 166 Anm. 27), allerdings nur, um die erhöhte Beteiligung des Steuerzahlers an den Prozeßkosten zu begründen, nicht um das Merkmal der „allgemeinen Interessen" zu rechtfertigen.

Im Ergebnis stellt also das Merkmal der allgemeinen Interessen in § 114 Abs. 4 ZPO eine starke Benachteiligung der juristischen Personen dar, die auf willkürlichen Erwägungen beruht. Das Postulat der Waffengleichheit zwischen natürlichen und juristischen Personen erfordert also die Abschaffung dieses Merkmals.

d) „Kann"

Schließlich bleibt noch die egalitätsrechtliche Bewertung des letzten Unterschiedes zwischen § 114 Abs. 1 und Abs. 4 ZPO. Damit, daß der Gesetzgeber die Entscheidung über das Armenrecht der juristischen Personen als Ermessensentscheidung ausgestaltet hat, eröffnete er wiederum den Weg für eine Benachteiligung der juristischen Personen.

Es ist aber kein Grund ersichtlich, warum juristischen Personen nach Bejahung ihrer Bedürftigkeit das Armenrecht verweigert werden sollte. Bereits die Tatbestandsmerkmale der „Mutwilligkeit" und der „hinreichenden Erfolgsaussicht" räumen dem Richter einen beachtlichen Beurteilungsspielraum ein, um Sinn und Zweck des Armenrechts gerecht zu werden. Sind diese Voraussetzungen zusammen mit der Armut erfüllt, so sind keine Kriterien mehr denkbar, an denen eine ablehnende Stellungnahme des Richters auszurichten wäre.

Im übrigen handelt es sich bei dem Armenrecht um ein Recht, welches Ausfluß des verfassungsmäßig garantierten Rechts auf Rechtsschutz ist. Wie im Baurecht bei §§ 31 Abs. 2, 35 Abs. 2 BBauG entschieden worden ist, daß die Entscheidungen über die Zulässigkeit des Bauens entgegen dem Wortlaut gebundene Entscheidungen sind, weil das Bauen Ausfluß des Eigentumsrechts sei[33], so ist hier gegen den Wortlaut zu entscheiden, weil die Durchsetzung des Rechts auf Justizgewährung als Ausfluß des Rechtsstaatsprinzips nicht im Ermessen des Richters liegen kann[34].

Dem Erfordernis der Waffengleichheit wird also nur dann entsprochen, wenn das Armenrecht der juristischen und natürlichen Person gleichermaßen ausschließlich vom Gesetz bestimmt und entgegen dem Wortlaut nicht dem richterlichen Ermessen überantwortet wird.

---

[32] Vgl. dazu BVerfGE 10, 269; Erika Bockelmann ZRP 1973, 164 Anm. 2 m. w. N.
[33] Vgl. BVerwGE 18, 251; OVG Münster DVBl 1964, 543; BGH DVBl 1971, 465; VG Münster DVBl 1967, 298 m. Anm. v. Hoppe.
[34] In Hinblick auf das Armenrecht als subjektiv-öffentliches Recht bezweifelt auch Köttgen (JW 1932, 1147 zu Nr. 18) die Auslegung des § 114 Abs. 1 ZPO als Ermessensentscheidung.

e) Ergebnis

Im Ergebnis ist also festzustellen, daß die Gegner- oder Waffengleichheit zwischen juristischen oder natürlichen Personen bei der Frage des Armenrechts nur dann gewahrt ist, wenn den juristischen Personen unter den gleichen Voraussetzungen wie natürlichen das Armenrecht bewilligt oder versagt wird.

3. Das Verhältnis zwischen zwei juristischen Personen als Parteien im Prozeß

Zwischen zwei juristischen Personen scheint die Bewirkung von Waffengleichheit durch § 114 Abs. 4 ZPO auf den ersten Blick nicht problematisch. Immerhin gelangen sie unter identischen Voraussetzungen zum Armenrecht.

Indes ist das für die Frage der Waffengleichheit dann ohne Bedeutung, wenn dadurch die Gleichheit der Gegner im Ergebnis nicht ausreichend gewährleistet wird. So verhält es sich bei § 114 Abs. 4 ZPO. Es ist nämlich denkbar, daß zwei gleichermaßen unbemittelte Gesellschaften um Armenrecht nachsuchen, einer es aber verweigert wird unter Berufung darauf, ein wirtschaftlich Beteiligter sei vermögend, allgemeine Interessen seien durch den Prozeß nicht berührt oder ein sonstiger Grund bestimme die Ermessensentscheidung des Richters negativ. In diesem Falle würden zwei gleichermaßen bedürftige Parteien ungleich behandelt, Waffengleichheit wäre nicht erreicht, sondern geradezu durch die Norm, die sie herstellen soll, verhindert, ja ins Gegenteil verkehrt.

Dieses Ergebnis ist unter Beachtung von Art. 3 Abs. 1 GG in der Ausgestaltung der Waffengleichheit nur dann haltbar, wenn besondere Erwägungen diese Differenzierung erforderten.

a) „Wirtschaftlich Beteiligte"

An der Berechtigung, bei der Armutsbestimmung der juristischen Personen die wirtschaftlich Beteiligten zu berücksichtigen, ist nie gezweifelt worden[35], wenn auch erkannt worden ist, daß dieses ein besonderes Hindernis für das Armenrecht juristischer Personen darstellt[36]. Unter Zugrundelegung der oben dargestellten Grundlagen des Armenrechts ist es jedoch unmöglich, das Merkmal in der weiten Auslegung der herrschenden Meinung zu akzeptieren. Es läßt sich nur dann mit

---

[35] Z. B. BGHZ 16, 290 ff. — Eine Ausnahme macht Schott (S. 87), der feststellt, daß wirtschaftlich Beteiligte grundsätzlich unberücksichtigt bleiben müßten.

[36] Vgl. OLG Hamburg MDR 1974, 939.

III. Der Grundsatz der Waffengleichheit im Prozeß

dem Sinn und Zweck des Armenrechts vereinbaren, wenn der betroffene Personenkreis erheblich eingeschränkt wird.

Diese Auffassung findet ihre Begründung in der Feststellung, daß Betroffener des Armenrechts nur die jeweilige Partei ist, also die juristische Person. Auf ihre Leistungsfähigkeit kommt es an. Ausnahmen von diesem Grundsatz sind nur dann zulässig, wenn Besonderheiten des Armenrechts dies erfordern.

Entgegen ihrer Stellung als nicht haftende Träger der juristischen Person wird auf Gesellschafter und Mitglieder durch die Drohung einer Justizverweigerung gegenüber der juristischen Person ein erheblicher Druck ausgeübt. Obwohl sie nicht zur Erfüllung der Prozeßkostenpflicht der juristischen Person herangezogen werden können, liegt bereits in der Berücksichtigung ihrer Privatvermögen eine deutliche Durchbrechung des sogenannten Trennungsprinzips, welches unbestritten volle Geltung genießt[37]. „Durchgriffe" sind nur in Ausnahmefällen anerkannt, und in Bezug darauf ergibt sich auch für das Kostenrecht nichts Abweichendes. Durch die herrschende Auslegung des Merkmals der wirtschaftlich Beteiligten werden diese Grenzen bei weitem überschritten. Ohne Grund werden unbeteiligte Dritte berücksichtigt. Dadurch gewinnen sachfremde Erwägungen Einfluß auf die Entscheidung, ob Armenrecht gewährt wird oder nicht. Insofern vermag die Regelung des § 114 Abs. 4 ZPO dem Grundsatz der Waffengleichheit nicht gerecht zu werden, da sie es erlaubt, einer Partei trotz gleicher Bedürftigkeit wie die andere das Armenrecht zu versagen.

b) „Allgemeine Interessen"

Das Tatbestandsmerkmal der „allgemeinen Interessen" würde die Waffengleichheit zwischen zwei juristischen Personen nur dann verletzen, wenn das Vorliegen allgemeiner Interessen sich für eine Partei anders beurteilt als für deren Gegner.

Dieser Fall wäre dann nicht denkbar, wenn das Gesetz die „allgemeinen Interessen" einheitlich auf den Streitgegenstand beziehen würde. § 114 Abs. 4 ZPO stellt aber auf die jeweilige Rechtsverfolgung oder Rechtsverteidigung ab, also zwar auf den Rechtsstreit zwischen den Parteien, aber getrennt nach den Parteirollen. Danach wäre es möglich, daß allein die Rechtsverfolgung, nicht aber gleichzeitig die Rechtsverteidigung im allgemeinen Interesse liegt — und umgekehrt. Wenn z. B. eine kleine Gesellschaft mit beschränkter Haftung gegen

---

[37] Vgl. Serik S. 1 und 5 m. w. N.; Schilling JZ 1953, 163; BVerfGE 13, 340; BGH NJW 1974, 135 m. w. N.; Reinhardt, Festschrift für Heinrich Lehmann S. 576 f.

eine große Aktiengesellschaft prozessiert und beide „arm" i. S. von § 114 Abs. 4 ZPO sind, müßte nach heute vorherrschender Ansicht bei der Aktiengesellschaft das „allgemeine Interesse" aufgrund der Anzahl der gefährdeten Arbeitnehmer bejaht werden, bei der Gesellschaft mit beschränkter Haftung wäre es zu verneinen. Wenn davon die Armenrechtsgewährung abhängt, wäre der Grundsatz der Waffengleichheit verletzt.

Es ergibt sich also, daß auch im Verhältnis zwischen zwei juristischen Personen das Merkmal der „allgemeinen Interessen" gegen den Grundsatz der Waffengleichheit verstoßen kann und aus diesem Grunde nicht Voraussetzung bleiben darf.

c) „kann"

Die Waffengleichheit zwischen juristischen Personen wäre ferner gefährdet, wenn die Armenrechtsbewilligung im Ermessen des Richters stände. Das würde Tor und Tür für sachfremde Erwägungen öffnen. Wie bereits zuvor festgestellt worden ist, würde jede unter Berufung auf die Ermessensfreiheit erfolgte Ablehnung gegen den Grundsatz der Waffengleichheit — auch zwischen juristischen Personen — verstoßen.

d) Ergebnis

Demnach ergibt sich, daß die Waffengleichheit zwischen zwei juristischen Personen im Prozeß durch § 114 Abs. 4 ZPO nur dann gewährleistet ist, wenn das Merkmal der „wirtschaftlich Beteiligten" sinnvoll eingeschränkt, das der „allgemeinen Interessen" gestrichen und kein Handlungsermessen eingeräumt wird.

IV. Die Gleichheit in der Reihe

Das zweite wesentliche Element des allgemeinen Gleichheitssatzes ist die sogenannte Gleichheit in der Reihe. Danach ist der gleichmäßige Zugang aller Personen zum Armenrecht zu überprüfen. Zu vergleichen sind alle Personen unabhängig von ihrer Stellung als Partei[38].

Obschon Gleichheit in der Reihe und Waffengleichheit auf unterschiedlichen Gleichbehandlungsgesichtspunkten aufbauen, sind sie identisch, sobald es um die Frage geht, ob juristische und natürliche Personen gleichmäßigen Zugang zum Armenrecht genießen. Das folgt daraus, daß das Armenrecht einerseits ein selbständiges Institut, andererseits Mittel zur Verwirklichung der Waffengleichheit ist. Wenn also jemand beim Zugang zum Armenrecht benachteiligt wird, wird die ihn

---

[38] Vgl. Bötticher S. 21 f.; Mes S. 74.

IV. Die Gleichheit in der Reihe

treffende Waffenungleichheit nicht behoben, gegebenenfalls erst bewirkt. Daß sich juristische und natürliche Personen bei der Armenrechtsgewährung nicht grundlegend unterscheiden, ist bei der Prüfung der Waffengleichheit deutlich geworden. Demnach erfordert also auch die Gleichheit in der Reihe eine Gleichbehandlung beider Personen.

Allerdings muß in diesem Zusammenhang ein Zusatz gemacht werden. Es ist zu fragen, ob nicht bei den verschiedenen Arten von juristischen Personen Unterschiede angebracht sind. Zum Teil wird unterschieden zwischen personenbezogenen und kapitalbezogenen juristischen Personen[39]. Die personenbezogenen werden behandelt wie natürliche Personen („Durchgriff"), die kapitalbezogenen als eigenständige Rechtssubjekte. Auf diesen Unterschied kommt es im vorliegenden Zusammenhang jedoch nicht an, gerade weil natürliche und juristische Personen gleichbehandelt werden sollen. Allein für die Frage, in wessen Person die finanzielle Leistungsfähigkeit berücksichtigt wird, ist die Unterscheidung von Bedeutung. Das ist aber ein Problem der „Armut" und wird später erörtert werden.

Desgleichen sind die Unterschiede zwischen juristischen Personen und Personalgesellschaften an dieser Stelle nicht von Bedeutung. Auch sie müssen in der Weise gleichbehandelt werden, daß ihnen unter den gleichen Voraussetzungen das Armenrecht bewilligt wird. Auch bei den Personalgesellschaften ist auf die Partei und den Rechtsinhaber abzustellen. Dieses sind bei der Offenen Handelsgesellschaft und der Kommanditgesellschaft die Gesellschafter als Gesamthandsgemeinschaft. Da die Gesellschafter als Gesamthandsgemeinschafter im Prozeß Streitgenossen gemäß § 62 ZPO sind, ist jedem von ihnen das Armenrecht als natürliche Person zuzuerkennen. Daß aus dem Grunde bei der Offenen Handelsgesellschaft und der Kommanditgesellschaft zumindest alle persönlich haftenden Gesellschafter zur Gebührenzahlung herangezogen werden können, dieses aber gerade bei der Gesellschaft mit beschränkter Haftung grundsätzlich abgelehnt wird, ist keine Ungleichbehandlung, sondern stimmt damit überein, daß der Ansatzpunkt für das Armenrecht bei der Partei, dem Rechtsinhaber bzw. dem rechtlich Verpflichteten, zu finden ist. Es ist aus diesem Grunde auch nicht primär eine Frage des Gleichheitssatzes, ob Kommanditisten bei der Prüfung der Zahlungsfähigkeit berücksichtigt werden sollten oder nicht. Auch das betrifft die Interpretation des Merkmals der „Armut", auf die später einzugehen sein wird.

Schließlich muß betont werden, daß es grundsätzliche Unterschiede in der Armenrechtsgewährung zwischen privatrechtlichen und öffent-

---

[39] Vgl. z. B. BVerfGE 13, 331 ff.

lich-rechtlichen juristischen Personen nicht gibt. Abgesehen davon, daß grundsätzlich auch öffentlich-rechtliche juristische Personen den Prozeßordnungen unterliegen, kommen sie als Partei in Prozessen um ihre Rechte ebenso in den Genuß der Justizgrundrechte der Art. 3 Abs. 1, 20 Abs. 3, 103 Abs. 1 GG[40].

V. Art. 14 Abs. 1, 3 Satz 4 GG

In diesem Zusammenhang der Gleichbehandlung von juristischen und natürlichen Personen im Prozeß ist auch der verfassungsrechtliche Gesichtspunkt von Bedeutung, auf den das Bundesverfassungsgericht[41] seinen Beschluß stützt, einer Gesellschaft mit beschränkter Haftung trotz Fehlens „allgemeiner Interessen" das Armenrecht zu bewilligen.

Es verweist auf Art. 14 Abs. 3 Satz 4 GG, dessen Bedeutung nicht nur in der Zuständigkeitsregelung liege, sondern auch in der Rechtsschutzgarantie. Mit jeder Enteignung wandle sich die Bestandsgarantie des Art. 14 Abs. 1 GG in eine Eigentumswertgarantie, die durch den Rechtsschutz nach Art. 14 Abs. 3 Satz 4 GG gesichert werde: da unstreitig auch juristische Personen die Eigentumsgarantie genössen, werde der ihnen nach Art. 14 Abs. 3 Satz 4 GG zustehende Schutz ausgehöhlt, wenn der Zugang zu den Gerichten durch zu enge Prozeßvorschriften verschlossen würde; aus diesem Grunde sei auch eine Ausnahme von den Kostengesetzen für bedürftige juristische Personen in Form des Armenrechts vonnöten.

Den offensichtlichen Widerspruch zu der am Beginn geäußerten Ansicht, das Armenrecht könne nur „Menschen" zukommen, versucht das Bundesverfassungsgericht damit auszuräumen, daß es schlicht behauptet, in diesem Falle diene das Armenrecht nicht der Durchsetzung des Sozialstaatsprinzips, sondern „der Verwirklichung einer grundrechtlichen Wertentscheidung, die auch juristischen Personen zugute komme"[42].

Abgesehen davon, daß plötzlich das Wesen des Armenrechts ganz anders — richtig — bestimmt wird, wird auch der Hauptfehler des Bundesverfassungsgerichts deutlich. Es erkennt nicht, daß das Armenrecht Ausfluß des allgemeinen Justizgewährungsanspruchs ist und damit weit mehr das Rechtsstaats- als das Sozialstaatsprinzip berührt. Auch Art. 14 Abs. 3 Satz 4 GG ist Ausfluß des Rechtsstaatsprinzips und damit heute in Hinblick auf die umfassende Garantie des Art. 19 Abs. 4

---

[40] Vgl. Bettermann in: Die Grundrechte Bd. III 2, S. 786 f. und NJW 1969, 1326; Maunz / Dürig Art. 103 I Rdnr. 14; BVerfGE 23, 372; 6, 49; 13, 139; 3, 363; 12, 8; 21, 372.
[41] BVerfGE 35, 360 ff.
[42] BVerfGE 35, 362.

GG nur noch von Bedeutung für die gerichtliche Zuständigkeit. Insofern ist der Umweg über Art. 14 GG überflüssig und hätte bei einer von Anfang an richtigen Sinnbestimmung des Armenrechts erspart werden können.

Immerhin ist dem Bundesverfassungsgericht im Ergebnis darin zu folgen, daß juristische Personen den natürlichen bei der Justizgewährung, also auch beim Armenrecht, gleichgestellt werden müssen. In diesem Sinne ist Art. 14 Abs. 3 Satz 4 GG ebenso wie allen anderen Rechtswegregelungen (Art. 19 Abs. 4, 34 Satz 3; 18 und 21 Abs. 2 GG) eine Verpflichtung zur Gleichbehandlung und damit zu gleicher Armenrechtsgewährung zu entnehmen.

VI. Das rechtspolitische Bedürfnis der Gleichstellung von juristischen und natürlichen Personen

Abschließend muß noch der teils explizit erklärten[43], größtenteils unterschwellig vorhandenen Rechtfertigung für eine Schlechterstellung von juristischen Personen durch eine angeblich geringere Schutzwürdigkeit entgegengetreten werden.

Gewiß drängt sich diese Einstellung auf, wenn man an die Großunternehmen aller Rechtsformen denkt. Jedoch ist diese Sicht allzu einseitig. Wie die Praxis zeigt, gibt es eine ganze Reihe von Klein- und Mittelbetrieben, von Vereinen und Genossenschaften, bei denen ein deutliches Bedürfnis für eine Prozeßkostenhilfe besteht[44]. Gesamtwirtschaftlich gesehen ist es sinnvoll und wünschenswert, die Existenz und Funktionsfähigkeit von Wirtschaftsunternehmen — und zwar nicht nur von Großunternehmen — zu erhalten, indem diesen die Möglichkeit eingeräumt wird, sich selbst durch Inspruchnahme von Rechtsschutz zu helfen. Oftmals bietet die Justiz allein die Möglichkeit, Ungerechtigkeiten und Unrecht auszugleichen. Über den Rechtsweg erfolgt ein wesentlicher Schutz des sozial schwächeren Rechtsinhabers. Auch die kapitalschwache Gesellschaft ist Pressionen und Eingriffen der kapitalstärkeren Konkurrenten in besonderem Maße ausgesetzt. Im Zuge einer fortschreitenden Konzentration im Wirtschaftsleben besteht gerade bei mittleren und kleineren Betrieben die Gefahr von Übergriffen der großen Unternehmen. Dieser Gefahr wird durch zu hohe Prozeß-

---

[43] Vgl. OLG Frankfurt JW 1925, 654; KG JW 1931, 86; Bunsen ZZP 28, 203; Sturm Gruch 30, 831; Wetzel S. 18, 20; Fuhrmann S. 48 f.
[44] Ein Bedürfnis für ein Armenrecht für juristische Personen bejahen generell auch: Förster / Kann § 114, 1; Seuffert / Walsmann § 114, 1 a; Krückmann JW 1930, 1176; Jacobi JW 1930, 751; Erika Bockelmann ZRP 1973, 171; Fechner JZ 1969, 350 u. 352; Däubler BB 1969, 545; Erdsiek NJW 1964, 912; Schott S. 87; Baumann S. 8.

kosten Vorschub geleistet, indem gerade bei den typischerweise besonders hohen Streitwerten im Wirtschaftsleben ein Prozessieren als Kläger oder Beklagter unmöglich gemacht wird.

Auf vielen Gebieten ist ein fortschreitender Zusammenschluß von Interessen festzustellen. Die Auseinandersetzung zwischen den verschiedenen Gesellschaftsgruppen hat sich auf die Ebene der Verbände und Interessengemeinschaften verlagert. Dem muß das Prozeßrecht Rechnung tragen. Mit dem Grundrechtsschutz für Vereinigungen in Art. 9 GG ist auch ein Schutz auf dem Gebiet des Prozeßrechts untrennbar verbunden. Gerade den schwächeren Verbänden muß dazu verholfen werden, ihre Rechte gegenüber dem einflußreicheren „großen" Gegnern behaupten zu können. Weniger dringlich ist das Problem der Kostensperre für juristische Personen des öffentlichen Rechts, weil der Staat entweder als ihr Träger oder über das Armenrecht für die Prozeßkosten aufzukommen hat.

Auch darf nicht unbeachtet bleiben, daß es eine der vornehmsten Aufgaben des Staates ist, das Bedürfnis der Bürger nach Rechtssicherheit und Rechtsfrieden zu schützen und zu befriedigen[45]. Diese Aufgabe kann nur erfolgreich vollbracht werden, wenn keine Gefahr besteht, daß der einzelne zur eigenmächtigen Durchsetzung seiner Rechte gezwungen wird. In erster Linie wird Rechtssicherheit und Rechtsfrieden über den Schutz der Individualrechte erreicht. Erst in zweiter Linie durch, wie es Seetzen formuliert, „die Herstellung des Zustandes, der dem Willen des durch das Parlament repräsentierten Volkssouveräns entspricht"[46]. Jedenfalls sind in diesem Bestreben Unterschiede zwischen den Rechten juristischer und natürlicher Personen nicht möglich. Im Interesse der Allgemeinheit hat der Staat allen Rechtsinhabern umfassenden Rechtsschutz zu gewähren, also aussichtsreiches und notwendiges Prozeßverlangen zu unterstützen. Dazu reicht es nicht allein aus, die Justiz und damit auch die Prozesse von juristischen Personen zu einem großen Teil aus Steuermitteln zu finanzieren. Es bedarf einer Ergänzung durch ein effektives Armenrecht — auch für juristische Personen.

VII. Ergebnis

Als Ergebnis des gesamten Zweiten Teils ist damit die Erkenntnis gewonnen, daß juristischen Personen grundsätzlich gleichberechtigt mit den natürlichen Personen die Prozeßkostenhilfe des Armenrechts zustehen muß.

---

[45] So auch Bettermann, JurBl. 1972, 63 u. 68; Mes S. 95 ff.
[46] Seetzen ZRP 1971, 36; ähnlich Fechner JZ 1969, 350; vgl. dazu Baumgärtel JZ 1975, 426.

Dritter Teil

Die Durchführung der armenrechtlichen Gleichstellung von juristischen und natürlichen Personen

Dieses Ergebnis bildet gleichzeitig den Ausgangspunkt für den Dritten Teil, in dem nachgewiesen werden soll, daß die Regelung des § 114 Abs. 4 ZPO überflüssig ist, weil auch und nur unter Zugrundelegung des § 114 Abs. 1 ZPO für juristische und natürliche Personen verfassungskonforme und vor allem sinnvolle Ergebnisse zu erzielen sind.

I. Der Grundsatz der Eigenfinanzierung

1. Die Bedürftigkeit der juristischen Person

Erste Voraussetzung ist und bleibt, daß der Prozeßführer nicht in der Lage ist, die anfallenden Prozeßkosten aufzubringen. Abzustellen ist dabei allein auf die wirtschaftlichen Verhältnisse der Partei, also der juristischen Person. Genau wie beim Armenrecht natürlicher Personen ist zu fragen, ob ausreichende Einnahmen vorhanden sind, ob vorhandenes Vermögen verwertet werden kann[1], ob eine Kreditaufnahme zu zumutbaren Bedingungen möglich ist[2] oder ob sonstige Möglichkeiten zur Erlangung von Finanzmitteln bestehen, wie zum Beispiel Ansprüche auf Vorschuß oder Bereitstellung von Prozeßkosten. Wenn das der Fall ist, muß das Armenrecht verweigert werden, weil die Partei den Prozeß mit allen zu Gebote stehenden Mitteln selbst finanzieren kann.

a) Anspruch auf Prozeßkostenvorschuß

Fälle von Ansprüchen auf Prozeßkostenvorschüsse sind, soweit ersichtlich, nur für natürliche Personen, insbesondere im Unterhaltsrecht, gesetzlich geregelt und entschieden worden. § 1360 a BGB normiert eine Prozeßkostenvorschußpflicht des Ehegatten. Ein solcher Anspruch ist aber auch im Verhältnis zwischen Eltern und Kindern anerkannt[3].

---

[1] Inwieweit bestehendes Vermögen verwertet werden muß, wird im einzelnen verschieden beurteilt, jedoch grundsätzlich bejaht: vgl. Stein / Jonas / Schumann / Leipold § 114, II, 1 a; Zöller / Mühlbauer § 114, 1 a; KG JW 1930, 1520; OLG Bremen NJW 1957, 1931; LG Mönchengladbach MDR 1959, 930.

[2] Vgl. Zöller / Mühlbauer § 114, 1 a; OLG Köln MDR 1971, 223; OLG Hamm NJW 1960, 344 m. ablehnender Anm. von Tschischgale.

Darüber hinaus erlangen Ansprüche auf Vorschuß zukünftig anfallender Prozeßkosten auch für juristische Personen Bedeutung. Diese können nämlich Ansprüche gemäß §§ 669, 670 i. V. m. 257 BGB gegen einen Dritten haben. Ohne daß unbedingt ein Auftrag abgeschlossen sein müßte, genügt bereits, daß der Auftrag Element eines bestimmten Rechtsverhältnisses zwischen der prozessierenden juristischen Person und einem Dritten ist. Solche Fälle lassen sich bei einer Vielzahl wirtschaftlicher Verbindungen denken, beispielsweise bei Treuhandverhältnissen. Immer dann, wenn eine Partei im eigenen Namen ein Recht im Auftrage eines Dritten geltend macht, steht ihr ein solcher Anspruch zu — unabhängig von der eigenen Leistungsfähigkeit.

Gerade ein Teil der Fälle, die bisher einmütig zur Heranziehung der Dritten (Auftraggeber) als wirtschaftlich Beteiligte im Sinne des § 114 Abs. 4 ZPO geführt haben, fällt der Natur dieser Beispiele entsprechend gar nicht unter die Überschrift „Beteiligung Dritter". In vielen Fällen sogenannter wirtschaftlicher Abhängigkeit kommt es auf Fragen der Identität von juristischer Person und ihren Trägern und daraus folgendem „Durchgriff" auf den Hintermann nicht an. Unabhängig von solchen festen Verbindungen ist im Einzelfall zu fragen, ob zwischen der Partei und einem Dritten ein Auftrags- oder auftragsähnliches Verhältnis besteht, so daß §§ 669, 670 i. V. m. 257 BGB eingreifen[4].

Es geht dabei nicht darum, daß aus Billigkeits- und Zumutbarkeitsgründen auf die Leistungsfähigkeit Dritter verwiesen wird. Vielmehr ist allein die Zahlungsfähigkeit der Partei zu berücksichtigen. Das Gericht kann die das Armenrecht beantragende Partei darauf verweisen, daß ihr die Zahlung der Gebühren nicht unmöglich sei, weil der Auftraggeber ihr regreßpflichtig und deshalb auch vorschußpflichtig sei. Probleme des „Durchgriffs" auf die hinter der juristischen Person stehenden Dritten ergeben sich also nicht.

b) Andere Möglichkeiten der Mittelbeschaffung

Allein die eigene Zahlungsfähigkeit der juristischen Person betreffen auch die anderen Möglichkeiten, Dritte zur Mittelaufbringung heranzuziehen. Ohne daß es darauf ankäme, ob Anteilseigner oder Mitglieder die „wahren" Träger der juristischen Person seien, die die juristische Person nur „benutzten", um eigene Vorteile zu erlangen[5], kann immer dann, wenn die juristische Person eigene Zahlungsansprü-

---

[3] Vgl. dazu im einzelnen m. w. N. und Beispielen: Stein / Jonas / Schumann / Leipold § 114 II, 1 a, c; Zöller / Mühlbauer § 114, 1 a, aa; Bergerfurth S. 18.
[4] Vgl. OLG Köln MDR 1954, 235 (Leitsatz).
[5] Vgl. BVerfGE 35, 359; KG JW 1936, 86 f.

I. Der Grundsatz der Eigenfinanzierung

che gegen Mitglieder oder Anteilseigner hat, angenommen werden, daß sie selbst zahlungsfähig ist[6].

Nun ist es zwar gerade ein typisches Merkmal der Beziehung zwischen der juristischen Person und ihren Mitgliedern bzw. Anteilsinhabern, daß diese nicht zu Nachschüssen verpflichtet sind. Sie erfüllen grundsätzlich ihre Pflicht mit der Einzahlung des Anteils oder dem Erwerb der Mitgliedschaft und nachfolgender Beitragszahlung. Über diesen von vornherein festgelegten Rahmen hinaus sind sie grundsätzlich nicht zur Zahlung verpflichtet.

Ausnahmen ergeben sich nur dann, wenn die juristische Person in die Lage versetzt ist, die zu leistenden Beträge wie z. B. Beiträge, ihrer Höhe nach festzusetzen oder gar neue Abgaben, in Form von Umlagen o. ä. zu erheben. So ist es bei Vereinen ohne weiteres denkbar, daß je nach Satzung der Vorstand bzw. die Mitgliederversammlung durch Mehrheitsbeschluß erhöhte Regelbeiträge festsetzt oder eine einmalige Umlage erhebt. Eine ähnliche Lage ergibt sich bei Genossenschaften. Bei Aktiengesellschaften, Gesellschaften mit beschränkter Haftung und Stiftungen werden diese Möglichkeiten der Mittelbeschaffung hingegen weitgehend ausscheiden.

Eine besondere Rolle spielen sie aber bei den juristischen Personen des öffentlichen Rechts, insbesondere den Anstalten und Körperschaften, denen die Gebühren- und Beitragshoheit für ihren Bereich zusteht. Sie sind grundsätzlich in der Lage, einseitig, hoheitlich von ihren Mitgliedern und Benutzern eine verstärkte Kostenbeteiligung zu verlangen. Zwar können sie nicht ein einzelnes Mitglied, z. B. weil es besonders zahlungskräftig ist, zur Finanzierung eines Prozesses heranziehen. Auch sind sie aufgrund des Gesetzesvorbehalts daran gehindert, von Fall zu Fall neue Abgaben festzusetzen. Wenn sie jedoch die Möglichkeit haben, sich durch Ausübung ihrer Abgabenhoheit neue Mittel zu verschaffen, scheidet die Annahme der Armut aus. Das gleiche gilt, wenn sie Zuschüsse oder Subventionen von anderen staatlichen Stellen, z. B. von ihren Trägern, erlangen können. Sollten diese Quellen nichts hergeben, so besteht in verstärktem Maße die Möglichkeit der Kreditaufnahme.

Ohne die aufgezeigten Möglichkeiten der Eigenfinanzierung gleichermaßen auf alle juristischen Personen des öffentlichen Rechts beziehen zu wollen, oder sie gar in allen Fällen als gegeben zu erachten, besteht doch alles in allem gerade bei ihnen die besonders ausgeprägte Möglichkeit zur Eigenbeschaffung von Finanzmitteln, mit denen ein Prozeß geführt werden kann.

---

[6] So auch Schott S. 87.

Sollten alle diese nur schlaglichtartig beleuchteten Möglichkeiten der Eigenfinanzierung keinen Erfolg haben, so kann davon ausgegangen werden, daß die betreffenden juristischen Personen nicht in der Lage sind, die Prozeßkosten aufzubringen.

2. Die Bedürftigkeit bei den Personalgesellschaften

In dem Zusammenhang der Frage nach Eigenfinanzierungsmöglichkeiten erscheint die Darstellung des Armenrechts von Personalgesellschaften, wie die BGB-Gesellschaft, die offene Handelsgesellschaft und Kommanditgesellschaft, hilfreich.

a) Die BGB-Gesellschaft

Die Gesellschaft bürgerlichen Rechts ist nicht partei- und nicht rechtsfähig. Möglich ist nur eine Armenrechtsbewilligung nach § 114 Abs. 1 ZPO an die Gesellschafter, die nach § 62 ZPO in notwendiger Streitgenossenschaft stehen. Die Streitgenossen führen einen gemeinschaftlichen Prozeß, um ein den Gesellschaftern zur gesamten Hand zustehendes Recht zu realisieren bzw. sich gemeinschaftlich gegen die Inanspruchnahme des Gesellschaftsvermögens aus Gesellschaftsverbindlichkeiten zu verteidigen.

Partei ist also im Aktiv- wie im Passivprozeß der Gesellschaft die Gesamtheit der Gesellschafter. Dementsprechend wird das Armenrecht kollektiv der Gesamtheit der Gesellschafter gewährt. Entweder werden alle Gesellschafter zugleich oder aber keiner zum Armenrecht zugelassen.

Dies folgt nicht allein aus dem eher formalen Ansatzpunkt der Parteirolle, sondern daraus, daß alle gemeinschaftlich, zur gesamten Hand, Inhaber oder Verpflichtete des umstrittenen Rechts sind. Wenn einer der Gesellschafter „arm" i. S. d. § 114 Abs. 1 ZPO ist, kommt es nicht zu einer Rechtsverweigerung durch Rechtsschutzverweigerung, weil die anderen Gesamthänder die auf den „armen" entfallenden Kosten mit übernehmen können. Das ist ihnen als Inhaber desselben Rechts und Träger derselben Pflicht zuzumuten, zumal sich die Kosten nicht nach der Anzahl der Streitgenossen, sondern nach dem Streitwert bemessen. Wollen diese das aber nicht, so folgt daraus keine Verweigerung der Rechtsdurchsetzung, sondern ein freiwilliges Abstandnehmen davon. Für den „armen" Gesamthänder liegt darin nicht eine Prozeßkostensperre, sondern es realisiert sich das typische Risiko dessen, der nicht allein über ein Recht befinden kann.

Bei der Frage der Kostentragungsmöglichkeit ist primär auf das Gesamthandsvermögen abzustellen, aber in zweiter Linie auch auf das

Privatvermögen der Gesellschafter. Das entspricht ihrer persönlichen Haftung für Gesellschaftsschulden. Abzuleiten ist es aber in erster Linie aus ihrer Stellung als Inhaber eines gesamthänderisch gebundenen Rechts oder als Schuldner einer Gesamthandsverbindlichkeit, denn auch die Haftung ist nur eine Folge der Stellung als Gesamthänder. Infolgedessen entspricht die armenrechtliche Berücksichtigung auch der Privatvermögen der Gesellschafter ihrer Haftung, ohne daß sie zwingend allein daraus geschlossen werden könnte.

b) Die offene Handelsgesellschaft

Der Gesamthandsprozeß der offenen Handelsgesellschaft ist insoweit mit dem der BGB-Gesellschaft verwandt, als auch hier die Gesellschafter als notwendige Streitgenossen allerdings unter gemeinsamer Firma Partei sind. Nach § 124 HGB kann die offene Handelsgesellschaft unter ihrer Firma Rechte erwerben und vor Gericht klagen und verklagt werden.

Insofern scheint ein Unterschied zur BGB-Gesellschaft zu bestehen, der folgende Argumentation nahelegt[7]. Wenn es im Prozeß der Gesellschaft um deren eigene Rechte und Pflichten geht, muß zunächst sie die Kosten aufbringen. Da aber die Gesellschafter persönlich haften, sind auch sie bei der Frage der Zahlungsfähigkeit zu berücksichtigen. In dieser Argumentation stecken zwei Fehler. Die Frage der Haftung spielt nur sekundär eine Rolle. Als Außenhaftung, die nicht wie eine Nachschußpflicht gegenüber der Gesellschaft besteht, sondern gegenüber Dritten, vermag sie die Leistungsfähigkeit der Gesellschaft nicht zu steigern. Weiterhin ist es falsch, die offene Handelsgesellschaft wie eine juristische Person zu behandeln[8]. Nicht sie ist Inhaberin der Gesellschaftsrechte, sondern die Gesellschafter als unter einer Firma handelnde Gesamthandsgemeinschaft. In dieser Eigenschaft treten sie vor Gericht als Partei auf. Das Armenrecht knüpft also an ihre Person an — unabhängig von einer Haftpflicht. Sie führen den Prozeß; daher müssen sie bedürftig sein[9].

Der Bewilligung des Armenrechts sind genau wie bei dem Prozeß der BGB-Gesellschaft die einzelnen Gesellschafter und ihre Zahlungsfähigkeit zugrunde zu legen. Sie sind Partei und Rechtsinhaber. Ihnen wird das Armenrecht kollektiv gewährt. Dabei haben auch sie genau wie alle natürlichen Personen alle Anstrengungen zu unternehmen, den

---

[7] Vgl. BGH LM Nr. 6 zu § 114 ZPO; Kurlbaum S. 82; Fuhrmann S. 70 ff.
[8] So aber ausdrücklich: OLG Köln JW 1929, 679; OLG Hamm JW 1936, 1691; Klötzer S. 148.
[9] Insofern richtig: OLG Düsseldorf JW 1928, 1608; OLG Jena SA 74, 143 f.

Prozeß selbst zu finanzieren: primär aus dem gesamthänderischen Gesellschaftsvermögen, sekundär aus ihrem Privatvermögen.

c) Die Kommanditgesellschaft

Anknüpfend daran scheint die Lage bei der Kommanditgesellschaft eindeutig. Auch die Kommanditisten sind als Gesellschafter Mitglieder der Gesamthandsgemeinschaft. Insofern ist bei der Feststellung der Bedürftigkeit auch ihre eigene oder „persönliche" Zahlungsfähigkeit bedeutsam.

Diejenigen, die aus der Haftungsbeschränkung des Kommanditisten folgern, daß sie nach Leistung ihrer Einlage grundsätzlich unberücksichtigt bleiben müßten[10], verkennen die armenrechtliche Bedeutung der Haftungslage. Die Haftungsbeschränkung schließt ein Einstehen für Schulden der Gesellschaft nicht vollständig aus, sondern beschränkt es auf den jeweiligen Kommanditanteil[11]. Die gänzliche Außerachtlassung der Kommanditisten würde dazu führen, daß auch deren Anteil am Gesamthandsvermögen unberücksichtigt bliebe. Um dieses Ergebnis zu vermeiden, weichen die Vertreter dieser Ansicht auf den (falschen) Umweg aus, zuerst auf das Gesellschaftsvermögen und dann auf die Personen der Gesamthandsgemeinschaft zu sehen[12]. Das ist aber mit der Konstruktion der Kommanditgesellschaft als unter eigener Firma handelnde Gesamthandsgemeinschaft nicht vereinbar, da danach die Zahlungsfähigkeit der einzelnen Streitgenossen von Bedeutung ist: zunächst die gemeinsame aus dem Sondervermögen der Gesamthand, dann die einzelne aus dem jeweiligen Privatvermögen.

Allein bezüglich der letzteren könnten sich für die Kommanditisten Besonderheiten ergeben, wenn man davon ausgeht, daß die gesetzlich angeordnete Haftungsbeschränkung nicht umgangen werden darf. Daraus würde die Einschränkung der Einstandspflicht auf den Anteil am Sondervermögen geboten sein. Wenn auch der Ausgangspunkt, nach dem primär zu fragen ist, wer denn die Kosten schulde, richtig ist, so folgt daraus noch nicht, daß derjenige, der nicht in Anspruch genommen werden kann, weil er seine Haftung beschränkt hat, nicht doch bei der Feststellung der Bedürftigkeit zu berücksichtigen ist[13]. Oben ist die Schlechterstellung des beschränkt Haftenden bei der Armenrechtsgewährung mit der Begründung abgelehnt worden, daß es darauf nicht

---

[10] So Baumann S. 8; Wieczorek § 114 B I a.

[11] Kurlbaum (S. 82) begründet deshalb auch die Heranziehung der Kommanditisten damit, daß auch diese den Gläubigern unmittelbar haften.

[12] Vgl. BGH LM Nr. 6 zu § 114 ZPO; Kurlbaum S. 82; Fuhrmann S. 70 ff.

[13] So im Ergebnis auch OLG Stuttgart NJW 1975, 2022, wo auch das Privatvermögen des Kommanditisten berücksichtigt wird.

I. Der Grundsatz der Eigenfinanzierung

ankomme, weil nicht einzusehen sei, daß er seine Rechte nur erschwert durchsetzen können soll. Mit der gleichen Begründung kann an dieser Stelle abgelehnt werden, daß jemand, der seine Haftung beschränkt hat, bei der Verwirklichung seiner Rechte besser gestellt werden soll als der unbeschränkt Haftende. Für das Armenrecht kommt es nicht darauf an, wer haftet, sondern wer für die Prozeßkosten einzustehen hat, wen die Last des Kostenvorschusses trifft. In der Regel trägt der Haftende auch und erst recht die Last der Zahlung. Umgekehrt kann aber nicht geschlossen werden, daß der beschränkt Haftende nicht Träger der Kostenlast sein könnte. Trotz Haftungsbeschränkung kann ihm diese auferlegt werden. Die Haftungsbeschränkung würde nicht umgangen, da ja sein Vermögen nicht zwangsweise für die Prozeßkosten herangezogen werden könnte. Der beschränkt Haftende hat allein die Nachteile seiner Weigerung, der Prozeßkostenlast entsprechend die Gebühren zu entrichten, zu tragen: Das Gericht würde untätig bleiben und eine Rechtsdurchsetzung auf diesem Wege würde nicht erfolgen. Unabhängig von der Haftung ist also auch das Privatvermögen der Kommanditisten im Gesellschaftsprozeß zur Feststellung der Bedürftigkeit heranzuziehen.

Als Indiz für die Richtigkeit dieser Ansicht kann die armenrechtliche Behandlung des Erben im Prozeß über Nachlaßverbindlichkeiten angesehen werden, der seine Haftung auf den Nachlaß beschränkt hat. Je nachdem, ob er den Prozeß selbst führt oder der Nachlaß- oder Konkursverwalter, würde der Erbe entweder gem. § 114 Abs. 1 oder Abs. 3 ZPO bei der Frage, der Armut mit seinem ganzen Vermögen Berücksichtigung finden. Trotz Haftungsbeschränkung bleibt er Kostenschuldner und Träger der Kostenlast — nur haftet er nicht mit seinem Privatvermögen.

Sowohl im Falle des Erben als auch in dem des Kommanditisten sind die gleichen Grundlagen festzustellen: Unabhängig von Haftungsbeschränkungen soll der Inhaber der im Prozeß umstrittenen Rechte und Verpflichtungen auch mit den auf ihn entfallenden Kosten für den Streit belastet bleiben.

Die Kommanditgesellschaft ist eine Personalgesellschaft. Im Gegensatz zur Aktiengesellschaft und zur Kommanditgesellschaft auf Aktien ist die Beteiligung der Kommanditisten nicht eine rein kapitalistische, sondern der Kommanditist ist Teil der Gesamthandsgemeinschaft. Weigert er sich trotz finanzieller Möglichkeiten, die Prozeßkosten aufzubringen, so erfolgt ihm gegenüber keine Justizverweigerung durch Verweigerung des Armenrechts. Der Kommanditist trifft eine freie Entscheidung: Weil ihm sein Einsatz für die Justizgewährung zu hoch erscheint, nimmt er freiwillig von der Durchsetzung der Rechte, an denen er beteiligt ist, Abstand.

Dagegen spricht auch nicht die heute verbreitete Konstellation, nach der Kommanditgesellschaften mit einer Vielzahl von Kommanditisten versuchen, Kapital aufzubringen. Diese kapitalistischen Kommanditgesellschaften entsprechen nicht dem Bild des Gesetzgebers von der Personalgesellschaft. Zwar wird es in diesen Fällen im einzelnen für die Kommanditgesellschaft mit großen Schwierigkeiten verbunden sein, die Leistungsunfähigkeit aller Kommanditisten nachzuweisen. Das sind indes Schwierigkeiten, die diese Gesellschaften in Kauf zu nehmen haben, wenn sie sich einer gesetzlichen Organisationsform in einer mit dem Gesetzeszweck nicht zu vereinbarenden Weise bedienen. Keinesfalls können diese Erscheinungen dazu veranlassen, die skizzierte Lösung aufzugeben.

Im Gegenteil läßt sich für die Lösung, daß der Kommanditist bei der Feststellung der Bedürftigkeit den persönlich haftenden Gesellschaftern gleichsteht, der übergeordnete Gesichtspunkt des Subsidiaritätsprinzips anführen, nach dem der Staat den Prozeß mittels Armenrechts nur dann finanzieren soll und darf, wenn kein anderer „vor ihm" dazu in der Lage ist. Beim vermögenden Kommanditisten ist das aber der Fall. Er ist an dem Prozeß viel „näher dran" als der Staat, da es auch „sein" Prozeß ist, in dem auch um seine Rechte gestritten wird. Es besteht also dann kein Bedürfnis für die Armenrechtsgewährung an die Kommanditgesellschaft, wenn einer der Gesellschafter in der Lage ist, die Prozeßkosten aufzubringen.

3. Die Bedürftigkeit des nicht rechtsfähigen Vereins

Bei nicht rechtsfähigen Vereinen bereitet die Frage nach der Möglichkeit einer Eigenfinanzierung besondere Schwierigkeiten. Mit dem OVG Münster[14] muß nach heute herrschender Rechtsauffassung angenommen werden, daß weder der Verein noch die einzelnen Mitglieder in der Lage sein dürfen, die Prozeßkosten aufzubringen. Dazu gelangt man unabhängig davon, welche Vorschrift — § 114 Abs. 1 oder Abs. 4 ZPO — man anwendet. Die Verweisung in § 54 BGB legt es nahe, den für die BGB-Gesellschaft geltenden Absatz 1 anzuwenden[15]. Der neueren Rechtsentwicklung folgend erscheint es jedoch richtiger, den nicht rechtsfähigen Verein armenrechtlich wie den rechtsfähigen zu behandeln. In beiden Fällen würde die herrschende Meinung zu den oben skizzierten Ergebnissen gelangen.

Folge dieses Vorgehens wäre es, daß nicht rechtsfähigen Vereinen mit weitem Mitgliederkreis das Armenrecht in der Mehrzahl der Fälle ver-

---

[14] OVG Münster JMBl NRW 1964, 179.
[15] So Kurlbaum S. 82; Wetzel S. 18; OVG Münster JMBl NRW 1964, 179.

I. Der Grundsatz der Eigenfinanzierung

sagt werden müßte. Entweder ist es praktisch unmöglich, den Nachweis der Armut aller Mitglieder zu bringen[16], oder aber ist jedenfalls eines der Mitglieder zahlungsfähig. Je nachdem, ob man § 114 Abs. 1 oder Abs. 4 ZPO heranzieht, könnte entweder dieses Mitglied als Gesamthandsgemeinschafter zur Zahlung verpflichtet werden, oder aber es könnte darauf wegen der wirtschaftlichen Beteiligung die Verweigerung der Armenrechtsgewährung gestützt werden. Beide Möglichkeiten würden zu den gleichen Ergebnissen führen, wie sie im Ersten Teil für die juristische Person dargelegt und im Zweiten Teil verfassungsrechtlich gewürdigt worden sind.

Dieser Widerspruch zu dem korporativen Charakter des nicht rechtsfähigen Vereins kann nur dadurch ausgeräumt werden, daß man entsprechend der neueren Entwicklung den nicht rechtsfähigen Verein wie den rechtsfähigen, also als juristische Person, behandelt und die gleichen Grundsätze, wie sie im Zweiten Teil erarbeitet worden sind, anwendet.

Andererseits bestehen an einer solchen Angleichung in Bezug auf das Armenrecht Bedenken. Gerade in der für das Armenrecht grundlegenden Frage, wer Inhaber der durchzusetzenden Rechte ist, bestehen schwer überbrückbare Unterschiede. Nach der geltenden Regelung des § 54 BGB würden sie der Gesamthandsgemeinschaft, bei Gleichbehandlung mit dem rechtsfähigen Verein nur dem Verein als solchen zustehen. Gewährte man das Armenrecht dem rechtsfähigen wie dem nicht rechtsfähigen Verein, würde dieser Unterschied außer acht gelassen.

Bei den anerkannten Beispielen[17] einer Angleichung handelt es sich um Ausnahmen, die im Gegensatz stehen zu der vermögensrechtlichen Lage der Gesamthandsgemeinschaft. Sie enthalten aber notwendige Anpassungen an den Korporationscharakter. Auch bei der Frage des Armenrechts ist eine solche Anpassung notwendig, da sonst den größeren Vereinen der Zugang zum Armenrecht bis zur Unmöglichkeit erschwert würde. Das wäre aber eine verfehlte Konsequenz, da durchaus nicht alle nicht rechtsfähigen Vereine so finanzstark sind wie z. B. die Gewerkschaften. Bereits bei politischen Parteien können Finanznöte auftreten, aber auch z. B. bei Studentenkorporationen und anderen Kleinvereinen. Um in diesen Fällen Rechtswegsperren zu vermeiden, bedarf es eines effektiven Armenrechts.

---

[16] Den praktischen Schwierigkeiten kann nicht, wie es das OVG Münster tut, mit einer „Beurteilung im Einzelfall" begegnet werden.

[17] Vgl. BGHZ 42, 216. Dort wurde anerkannt, daß das Vereinsvermögen der vom Mitgliederwechsel unabhängigen Korporation als solcher zuzuordnen sei. RGZ 113, 135 entschied, daß ein ausscheidendes Mitglied keinen Anspruch auf das Auseinandersetzungsvermögen nach § 738 I 2 BGB hat. Schließlich erkannte BGHZ 50, 325 ff. ebenso die aktive Parteifähigkeit von Gewerkschaften an. Weitere Nachweise finden sich bei BGHZ 50, 329 f.

Ebenso wie für juristische Personen gilt, daß das Grundgesetz in Art. 9 GG das „korporative Daseins- und Betätigungsfeld unter den Schutz der Verfassung gestellt und damit die besondere Bedeutung für diese Koalitionen in unserer Sozialordnung anerkannt hat"[18]. Diesem Schutz muß auch das Verfahrensrecht Rechnung tragen. Wie das bereits bei der Frage der aktiven Parteifähigkeit von nicht rechtsfähigen Vereinen geschehen ist, muß es auch für die Frage des Armenrechts nachvollzogen werden.

Die historische Intention des Gesetzgebers, den schwer kontrollierbaren, oft unerwünschten nicht rechtsfähigen Vereinen die Wirkungsmöglichkeiten dadurch zu erschweren, daß man sie entgegen ihrem korporativen Charakter den zur Schwerfälligkeit führenden Regeln des Gesellschaftsrechts unterwarf[19], findet heute keine Rechtfertigung mehr. Aus diesem Grunde ist die Regelung des Gesetzes dahin zu korrigieren, daß man die Vorschriften über die rechtsfähigen Vereine anwendet und daher das Armenrecht nach den Vorschriften der juristischen Personen gewährt.

Im Ergebnis bedeutet das, daß für die Frage der Bedürftigkeit des nicht rechtsfähigen Vereins gemäß § 114 Abs. 1 ZPO zunächst zu klären ist, ob der Verein unter Ausschöpfung aller Mittel in der Lage ist, die Prozeßkosten aufzubringen. Inwieweit dafür auch die privaten Verhältnisse der Mitglieder maßgebend sind, wird in dem folgenden Abschnitt untersucht, in dem es um die Fremdfinanzierung eines Prozesses geht.

4. Ergebnis

Als Ergebnis dieses Abschnittes ist festzuhalten, daß es bei der Frage der Bedürftigkeit primär zu klären ist, ob die Partei in der Lage ist, die anfallenden Kosten zu tragen. Das gilt gleichermaßen für natürliche und juristische Personen. Bei den letzteren ist zu beobachten, daß damit bereits eine Vielzahl der Fälle, die den Gesetzgeber im Jahre 1933 und die herrschende Meinung noch heute veranlaßt haben, die wirtschaftlich Beteiligten in § 114 Abs. 4 ZPO ausdrücklich zu erwähnen, ohne Heranziehung dieses Merkmals befriedigend zu lösen sind.

II. Möglichkeiten der Finanzierung durch Dritte

Aber nicht nur in der Fallgruppe möglicher Eigenfinanzierung werden diese Fälle gelöst; insbesondere auch bei der Finanzierung durch Dritte, wie sie in § 114 Abs. 1 ZPO anerkannt ist, ergeben sich sinnvolle

---

[18] BGHZ 42, 217; ebenso BVerfGE 4, 96 ff.
[19] Vgl. dazu BGHZ 50, 328 m. w. N.

II. Möglichkeiten der Finanzierung durch Dritte

Einschränkungen der Pflicht des Staates, den Prozeß zu finanzieren. Es sind dies Fälle, in denen von der Partei rechtlich unabhängige Dritte der Prozeßführung und -finanzierung der bedürftigen Partei näher stehen als der fürsorgeverpflichtete Staat.

Die ZPO geht in § 114 Abs. 1 davon aus, daß die Partei ein eigenes Recht geltend macht oder sich gegen eine Inanspruchnahme wehrt. Nicht bedacht wurden die Fälle, in denen eine Partei im Drittinteresse tätig wird. Ohne diese Dritten zu Kostenschuldnern zu machen, stellt sich für die Prozeßfinanzierung die Frage, ob der Staat trotz Bedürftigkeit der Partei das Armenrecht unter Berufung auf die Zahlungsfähigkeit des Dritten versagen und auf das im Sozialhilferecht geltende Subsidiaritätsprinzip verweisen darf.

Träger oder Destinatär des Armenrechts ist die Partei als Schuldner der Kosten. Regelmäßig sind Partei und Inhaber des materiellen Rechts, bzw. der Pflicht, personenidentisch, weil jede Partei ihre eigenen Rechte geltend macht und sich gegen die Inanspruchnahme ihrer selbst wehrt. Dieses ist aber nicht immer der Fall: Rechtsinhaber und Partei können auch auseinanderfallen, personenverschieden sein. Wie bereits oben angesprochen und wie es auch verbreiteter Auffassung entspricht[20], dient das Armenrecht in erster Linie dazu, Rechtlosigkeit durch die Verweigerung von Rechtsschutz zu verhindern. Bezugsperson des Armenrechts ist die Partei also als Inhaber der Rechte und Pflichten.

Dementsprechend ist losgelöst von der formalen Parteirolle bei der Armenrechtsgewährung auch auf den Inhaber der umstrittenen Rechte und Pflichten abzustellen. Ist der nach dem Streitgegenstand materiellrechtlich Verpflichtete oder Berechtigte von der Partei verschieden, so steht er dem Prozeß und dessen Finanzierung näher als der Staat. In dieser Situation ist neben der Finanzkraft der Partei als Kostenschuldner auf die des Rechtsinhabers oder Pflichtträgers abzuheben. Verfügt der Dritte über ausreichende Mittel, so ist die bedürftige Partei darauf zu verweisen.

Eine recht umfangreiche Kasuistik der Rechtsprechung läßt mehrere Fallgruppen deutlich werden, in denen auch schon bei natürlichen Personen die Frage der Bedürftigkeit unter Berücksichtigung Drittbeteiligter gelöst wird. Die sich daraus ergebenden Fallgruppen sind ohne Unterschied auf natürliche und juristische Personen anwendbar.

---
[20] Auf die Aufgabe des Armenrechts, der Verwirklichung subjektiver Rechte zu dienen, weisen insbesondere hin: BGH LM Nr. 4 zu § 114 ZPO; BGH NJW 1966, 597; BVerfGE 30, 40; 1, 111; OLG Frankfurt BB 1974, 1458; Schott S. 87; Mes S. 94 m. w. N.; Fuhrmann S. 20; Bettermann JurBl. 1972, 64; Pawlowski JZ 1975, 198 u. 201; v. Linde (AcP 16, 53) mit dem Beispiel der Großherzoglichen Verordnung v. 4.4.1817: „Wer sich in seinen Rechten verletzt glaubt...".

3. Teil: Die Durchführung der Gleichstellung

1. Die Fälle der Prozeßstandschaft

Der Prozeßstandschafter macht als Partei im eigenen Namen ein fremdes Recht geltend, bzw. wehrt sich im eigenen Namen gegen die Inanspruchnahme eines anderen. In armenrechtlicher Hinsicht löst bereits § 114 Abs. 3 ZPO einen Teil dieser Fälle. Ein weiterer Teil, vor allem die gewillkürte Prozeßstandschaft, ist darin aber nicht angesprochen.

a) Die Partei kraft Amtes i. S. v. § 114 Abs. 3 ZPO

Nach § 114 Abs. 3 ZPO darf das Armenrecht einer Partei kraft Amtes nur dann bewilligt werden, wenn die verwaltete Vermögensmasse für die Finanzierung des Prozesses nicht ausreicht. Für den Prozeß des Konkursverwalters kommt es also nicht auf seine Person an, sondern auf die Konkursmasse; desgleichen beim Testamentsvollstrecker und Nachlaßverwalter auf die Erbmasse, beim Zwangsverwalter auf das verwaltete Grundstück usw.

Diese Regelung ist als Ausfluß des oben ausgeführten Grundsatzes anzusehen, nach dem Bezugsobjekt des Armenrechts das materielle Recht bzw. die Verpflichtung ist. Lösgelöst von der Parteirolle wird darauf abgestellt, um wessen Rechte und Pflichten es in dem Prozeß geht.

Der Verwalter ist nicht Partei kraft Rechtsinhaberschaft, sondern kraft Amtes. Er führt den Prozeß zwar im eigenen Namen, aber für einen Dritten auf dessen Rechnung, ohne ein eigenes Interesse damit zu verbinden. Aus diesem Grunde ist es gerechtfertigt, bei der Prüfung der Bedürftigkeit allein auf die Vermögensmasse zu schauen, deren Rechte und Pflichten streitbefangen sind.

b) Die gesetzliche Prozeßstandschaft des § 265 ZPO

Als Prozeßstandschafter führen auch der Verkäufer einer streitbefangenen Sache und der Zedent einer rechtshängigen Forderung den begonnenen Prozeß für den Erwerber bzw. Zessionar fort. Kostenschuldner ist die Partei, also der Standschafter. Nach OLG Frankfurt[21] kommt es für die Frage der Armenrechtsbewilligung und des Armenrechtsentzuges auch auf das Vermögen des Rechtsinhabers an. Dieser sei „wirtschaftlich ausschließlich oder vorwiegend" durch den Prozeß betroffen. Verweigere er trotz Zahlungsfähigkeit den Vorschuß der Prozeßkosten, so entfiele das Bedürfnis für die Armenrechtsgewährung an die Partei, weil nicht der Rechtsschutz verweigert werde, sondern der Rechtsinhaber darauf verzichte.

---
[21] OLG Frankfurt MDR 1954, 174 f.

Der Grundgedanke ist wiederum der gleiche: Für die Frage der Armenrechtsbedürftigkeit ist über die Partei hinaus auf den Rechtsinhaber zurückzugehen. Die Armenrechtsbewilligung wird davon abhängig gemacht, daß Vorgänger und Nachfolger identisch sind.

c) Die gesetzliche Prozeßstandschaft des § 1368 BGB

Ein Fall gesetzlicher Prozeßstandschaft liegt auch bei der revokatorischen Klage aus § 1368 BGB vor. Der rückfordernde Ehegatte ist Partei im Prozeß gegen den Erwerber und muß deshalb die Kosten tragen. Er macht allerdings ein Recht des eigenmächtig verfügenden Ehegatten geltend. Wiederum ist es fraglich, ob beide, der klagende und der veräußernde Ehegatte, bei der Bedürftigkeitsprüfung berücksichtigt werden müssen.

Das wäre auf den ersten Blick aus den oben dargelegten Grundsätzen zu bejahen. Allerdings ist eine Schwierigkeit zu beachten: In den meisten Fällen wird der klagende Ehegatte gegen den Willen und gegen die Interessen des veräußernden Ehegatten den Prozeß führen, was dessen Belastung mit den Prozeßkosten als nicht zumutbar erscheinen läßt.

Der Lösung dieses Problems kommt man gerade mit Hilfe der oben erarbeiteten Grundsätze am nächsten. Die Weigerung des Ehegatten, den gegen sein Rechtsgeschäft gerichteten Rechtsstreit zu finanzieren, darf nicht zu einer Rechtsverweigerung für den klagenden, bedürftigen Ehegatten führen. Das wäre aber der Fall, wenn das Armenrecht nicht eingreifen würde. Zwar macht der Kläger ein Recht seines Ehegatten aus dem Rechtsgeschäft mit dem Erwerber geltend — verbindet damit aber gleichzeitig ein eigenes rechtliches und wirtschaftliches Interesse an der Erhaltung des Hausrats (§ 1369 BGB), bzw. den wirtschaftlichen Grundlagen der Familie (§ 1365 BGB). Dieses Interesse muß geschützt werden durch Gewährung von Armenrecht ohne Rücksicht auf die Zahlungsfähigkeit des anderen Ehegatten.

d) Die gewillkürte Prozeßstandschaft

Bei der rechtsgeschäftlichen Prozeßstandschaft kann danach die Situation nicht mehr problematisch sein: Voraussetzung dieser Art von Prozeßstandschaft ist ein eigenes rechtsschutzwürdiges Interesse des Standschafters an der Geltendmachung des fremden Rechts[22]. Daraus folgt, daß er als Kostenschuldner und rechtlich an der Durchführung des Prozesses interessierte Partei die Kostenlast zu tragen hat. Ebenso

---

[22] Über die im einzelnen streitigen Voraussetzungen der gewillkürten Prozeßstandschaft vgl. Stein / Jonas / Schumann / Leipold vor § 50 II, 7 m. w. N.

ist der Rechtsinhaber an der Kostenlast beteiligt, weil es in dem Prozeß um seine Rechte geht.

e) Ergebnis

Die Frage, wem die Kostenlast aufzuerlegen ist und unter Hinweis auf wessen Zahlungsfähigkeit der Staat die Armenrechtsgewährung verweigern kann, muß danach entschieden werden, wem gegenüber die Nichtgewährung des Armenrechts eine Rechts- infolge Rechtsschutzverweigerung bedeuten würde; positiv formuliert: um wessen rechtliche Interessen es in dem Prozeß geht.

2. Die Fälle der Umgehung der Armenrechtsvorschriften

Auf der gleichen Grundlage, aber auch schon mit Hilfe allgemeiner Rechtsgrundsätze lassen sich die Fälle der bewußten Umgehung der Armenrechtsvorschriften lösen[23]. Zediert ein begüterter Rechtsinhaber seine Forderung an einen mittellosen Dritten, damit dieser die Forderung für ihn einklage, so schiebt er den Zessionar als „Strohmann" nur vor, um durch das Armenrecht Prozeßkosten zu sparen. In diesem Fall ist — unabhängig von der Wirksamkeit der Zession — für die Frage der Bedürftigkeit der Partei auch und vor allem auf die Vermögens- und Einkommenslage des Zedenten abzuheben[24]. Wenn das auch aus dem Grundsatz, nach dem die Umgehung von zwingenden Vorschriften unzulässig ist, unmittelbar verständlich erscheint, ist doch im vorliegenden Zusammenhang genauer festzustellen, worin die Umgehung liegt.

In diesem Falle sind Partei und Rechtsinhaber, bzw. Verpflichteter, identisch. Diese rechtliche Konstruktion verschleiert aber die wirtschaftliche Konstellation, auf die es gerade für das Armenrecht ankommt. Zwar knüpft das Armenrecht an die Partei als Rechtsinhaber an. Bei allen vermögensrechtlichen Streitigkeiten, die allein für die angesprochenen Fälle in Betracht kommen, werden mit den Rechten oder Pflichten wirtschaftliche Interessen verbunden. Es geht also weniger um das „bloße" Recht und die „bloße" Pflicht als um den wirtschaftlichen Gehalt. Deshalb ist für das Armenrecht auch nicht die eher rechtlich formale Stellung als Partei und Rechtsinhaber als mehr die materiell-wirtschaftliche Stellung maßgeblich. Ist derjenige, dem das Prozeßergebnis wirtschaftlich gesehen zugute kommt, in der Lage, die gerichtliche Vertretung seiner Interessen selbst zu finanzieren, entfällt die Notwendigkeit der Armenrechtsgewährung an die Partei. Fallen

---

[23] Vgl. dazu Serik S. 17 ff.
[24] Vgl. BGHZ 47, 292; OLG Köln MDR 1954, 174; BGH BB 1969, 553; RGZ 81, 176; KG JW 1938, 696 f.; Schott S. 83; Bergerfurth S. 19.

rechtlicher und wirtschaftlicher Rechtsinhaber auseinander, so sind beide zur Prüfung der Bedürftigkeit heranzuziehen.

Über die im Vorabschnitt erarbeiteten Grundsätze hinaus ist demnach nicht nur zu fragen, wer rechtlich an der Prozeßführung interessiert ist, sondern auch nach dem wirtschaftlich Interessierten. Liegen rechtliche und wirtschaftliche Inhaberschaft in zwei verschiedenen Händen, so ist auf die Zahlungsfähigkeit beider abzustellen.

3. Die Fälle des Auseinanderfallens von wirtschaftlicher und rechtlicher Inhaberschaft

Neben diesen beiden gleichermaßen für juristische und natürliche Personen geltenden Ausnahmen vom Grundsatz der Eigenfinanzierung der Partei ist eine dritte Fallgruppe besonders für juristische Personen von Bedeutung.

a) Beispiele zu § 114 Abs. 1 ZPO

Für natürliche Personen ist entschieden worden, daß bei der Feststellung der Bedürftigkeit über die Vermögensverhältnisse der Partei hinaus auch auf die eines Dritten abgestellt werden muß, „wenn der Dritte zu der Partei in engen Rechtsbeziehungen steht und am Ausgang des Prozesses interessiert ist"[25] und „die Heranziehung zu den Prozeßkosten möglich und den Beteiligten zumutbar ist"[26].

Vergleicht man diese Formulierungen mit der Definition der wirtschaftlich Beteiligten in § 114 Abs. 4 ZPO, so zeigt sich, daß sie deckungsgleich sind, also auch in § 114 Abs. 1 ZPO ohne gesetzliche Normierung und entgegen dem Gesetzeswortlaut wirtschaftlich Beteiligte berücksichtigt werden. Im Gegensatz zu § 114 Abs. 4 ZPO gibt es aber zu § 114 Abs. 1 ZPO Rechtsprechungsfälle, in denen der weite Begriff einschränkend bestimmt wird. Zum Beispiel begründet das Gläubigerinteresse an dem Obsiegen seines Schuldners kein relevantes Drittinteresse[27]. Selbst der das Armenrecht nachsuchende Pfändungsschuldner braucht die Armut desjenigen, an den die Forderung zur Einziehung überwiesen worden ist, nicht nachzuweisen[28]. Anders ist bei der gerichtlichen Durchsetzung einer durch Sicherungszession abgetretenen Forderung zu entscheiden, bei der neben den Vermögensverhältnissen

---

[25] OLG Köln MDR 1954, 236; Baumbach / Lauterbach / Hartmann § 114, 2 B m. w. N.
[26] OLG Celle NJW 1956, 1158; OLG Frankfurt DRiZ 1950, 66; OLG Köln MDR 1957, 425 (2).
[27] Vgl. Bergerfurth S. 19; Baumbach / Lauterbach / Hartmann § 114, 2 B.
[28] So BGHZ 36, 280; Zöller / Mühlbauer § 114; 1 a; a. A. OLG Dresden JW 1933, 552; OLG Frankfurt MDR 1954, 175.

des Sicherungsnehmers auch die des Sicherungsgebers beachtet werden müssen.

Gerade bei der Gegenüberstellung dieser Beispiele zeigt sich, wo die Trennung zwischen den wirtschaftlich Beteiligten, deren Bedürftigkeit geprüft werden muß, und den für das Armenrecht bedeutungslos Beteiligten verläuft. Es kommt auf das mit dem Prozeß verbundene wirtschaftliche Interesse an. Erst wenn dieses die Grenze erreicht, an der es dem Interesse eines Rechtsinhabers entspricht, reicht es aus, um dem Beteiligten auch die Lasten eines Rechtsinhabers, bzw. eines rechtlich Verpflichteten — insbesondere die Prozeßkostenlast — aufzuerlegen. Neben der Partei, dem bloß rechtlichen Inhaber, ist dies der wirtschaftliche Eigentümer der streitbefangenen Sache oder der wirtschaftlich Verpflichtete. Abzuheben ist auf das unmittelbare wirtschaftliche Interesse am Prozeßergebnis. Das bloß mittelbare, wie das an der Erhaltung des Verwertungsobjektes, reicht nicht aus zur Begründung für die Ausnahme von dem Grundsatz der Eigenfinanzierung. Die Kostenlast darf nur dem auferlegt werden, der den Prozeß führt, und demjenigen, für den, insbesondere für dessen Rechnung der Prozeß geführt wird. Dabei bedarf es nicht wie beim Fall des „Strohmannes" einer Umgehungsabsicht, sondern es genügt die objektive Lage, in der wirtschaftlicher und rechtlicher Eigentümer auseinanderfallen.

Im Gegensatz zum rechtlichen Eigentümer, der regelmäßig mit der Person der Partei feststeht, ist die Feststellung des wirtschaftlichen Eigentümers mit Schwierigkeiten verbunden. Insbesondere in Hinblick auf die juristischen Personen verlangt die Frage eine differenzierte Antwort, die den Begriff des wirtschaftlich Beteiligten in § 114 Abs. 4 ZPO überflüssig macht, nur dennoch zu sinnvollen und praktischen Ergebnissen führt.

b) Besonderheiten für juristische Personen

Für juristische Personen gilt grundsätzlich das Gleiche wie das für natürliche Personen Erarbeitete. Des weiteren ergeben sich aber aus der Natur der juristischen Personen, als mit eigener Rechtspersönlichkeit ausgestattete Vermögensmassen, die von anderen Personen getragen werden, besondere Ansatzpunkte. Angesprochen ist das Verhältnis zwischen der juristischen Person und ihren Mitgliedern, Anteilsinhabern und Trägern. Wann sind diese „hinter der juristischen Person stehenden" Personen wirtschaftlich gesehen Inhaber der Rechte und Pflichten der juristischen Person? Wann ist die juristische Person nur noch formell-rechtlicher Rechtsinhaber und wann sind die Träger die materiell-wirtschaftlichen? Wann muß die Selbständigkeit der juristischen Personen durchbrochen werden, um Sinn und Zweck des Armenrechts gerecht zu werden[29]?

Diese Fragen sind identisch mit dem bekannten Problem des „Durchgriffs" auf den „hinter der juristischen Person stehenden" Träger. Dazu gibt es eine Fülle von Judikatur und gesetzlichen Regelungen[30]. Zu beachten ist jedoch, daß unser Problem des „armenrechtlichen Durchgriffs" zu unterscheiden ist von dem des „haftungsrechtlichen", des „schadensersatzrechtlichen", des „gesellschaftsrechtlichen" und des „steuerrechtlichen Durchgriffs". Die Antworten auf die Frage, wann ein Schaden der Gesellschaft gleichzeitig ein Schaden des Gesellschafters ist[31], wann das Erwerbsverbot eigener Aktien auch für abhängige Unternehmen und Dritte besteht[32] und wann die Erträge der Organgesellschaft dem Organträger zuzurechnen sind[33], ergeben nicht auch selbstverständliche Lösungen für die vorliegenden Probleme. Sie können allerdings als Anhaltspunkte dafür herangezogen und als Leitlinie für die armenrechtliche Lösung benutzt werden.

Wegen der besseren Differenzierungsmöglichkeiten und der damit verbundenen Klarheit empfiehlt es sich, zwischen den verschiedenen Arten juristischer Personen zu unterscheiden.

c) Die Aktiengesellschaft

(1) Die Beteiligung des Kleinaktionärs

Ein armenrechtlicher Durchgriff auf jeden Kleinaktionär einer Aktiengesellschaft ist nicht nur praktisch undurchführbar, sondern auch nach den vorangestellten Grundsätzen nicht statthaft. Es ist kein Anhaltspunkt dafür erkennbar, das dem Verhältnis zwischen juristischer Person und ihren Trägern zugrunde liegende Trennungsprinzip außer acht zu lassen.

(2) Die Beteiligung des Alleinaktionärs

Eine nicht minder eindeutige Lösung ergibt sich bei der Bewertung der Stellung eines Alleinaktionärs, dessen aktiengesetzliche Position durch die Satzung nicht eingeschränkt wird. In diesem Falle ist das Auseinanderklaffen von rechtlichem und wirtschaftlichem Rechtsinhaber evident.

---

[29] Vgl. zu diesem Komplex Reinhardt, Festschrift für Heinrich Lehmann S. 585 ff., der allerdings nicht auf das Armenrecht eingeht.
[30] Nachweise bei Serik S. 5 ff.; Reinelt BB 1974, 1145 f.; Reinhardt, Festschrift für Heinrich Lehmann S. 570 ff. 585 ff.; BGHZ 61, 383 f. und im Folgenden.
[31] Vgl. BGHZ 61, 380 ff.
[32] Vgl. § 71 Abs. 3, 4 AktG.
[33] Vgl. hierzu: § 7 a Ziff. 2 KStG.

Es liegt ein Verhältnis zwischen Gesellschaft und Aktionär vor, das der im Steuerrecht entwickelten Organschaft gleicht, wo trotz rechtlicher Selbständigkeit ein Unternehmen als Organ eines anderen behandelt wird. Dadurch, daß der Alleinaktionär die Willensbildung der juristischen Person voll beherrscht, können sein Wille und der der juristischen Person als identisch betrachtet werden, wird also die juristische Person ihres eigenständigen Willens beraubt. An die Stelle eines Beschlusses aller Anteilseigner tritt der Entschluß des Alleinaktionärs. Das wirtschaftliche Schicksal der Aktiengesellschaft schlägt direkt auf den alleinigen Träger durch. Gewinn und Verlust der juristischen Person treffen unmittelbar sein Vermögen. In dieser Stellung ist der Alleinaktionär auch direkt von dem Ergebnis jedes Prozesses betroffen, da die juristische Person seine wirtschaftlichen Interessen verficht. Sie macht ein eigenes Recht für fremde Rechnung geltend. Die Stellung der Aktiengesellschaft ist so der eines Treuhänders vergleichbar[34].

Entgegengehalten werden könnte, daß das bei juristischen Personen naturgemäß so sei, weil das wirtschaftliche Ergebnis immer letztlich die Aktionäre träfe. Demgegenüber besagt aber gerade das Trennungsprinzip, daß diese Verbindung unberücksichtigt bleiben muß. Vorliegend soll hingegen gerade die Ausnahme einer Durchbrechung des Trennungsprinzips begründet werden. Aus diesem Grunde ist der Einwand nicht stichhaltig.

Dementsprechend ist, soweit ersichtlich, in der Rechtsprechung auch nur für den Alleinaktionär bzw. Alleingesellschafter eine Durchgriffshaftung bejaht worden. Unter Berufung auf die wirtschaftlichen Realitäten, die der juristischen Konzeption einer Gesellschaft mit gestreuten Anteilseignern nicht entsprechen, werden für die Haftung die wirtschaftlichen Gegebenheiten als maßgeblich erachtet[35]. Genauso wird bei der Frage verfahren und entschieden, ob ein Schaden der Gesellschaft ein eigener des Alleinaktionärs im Sinne des § 823 BGB sein kann[36]. Als Indiz ist auch die zivilrechtliche Behandlung der Veräußerung aller Anteile heranzuziehen. Wenn der Alleinaktionär alle Aktien veräußert, so ist das nach herrschender Ansicht[37] als Verkauf des Unternehmens selbst anzusehen.

---

[34] Vgl. zu diesem Abschnitt Reinhardt, Festschrift für Heinrich Lehmann S. 579 f., 583, der zum gleichen Ergebnis kommt.
[35] Vgl. BGHZ 20, 11; 22, 230; 25, 117; 26, 34; 54, 224; 29, 392; 10, 207 f.; 61, 380 ff.; RGZ 99, 234; 103, 66; 129, 53 f.; 169, 248.
[36] Vgl. BGHZ 61, 380 ff. und zustimmend Reinelt BB 1974, 1145 ff. m. w. N.
[37] Vgl. RGZ 98, 291; 120, 287; BGH NJW 1969, 184; OLG Hamburg MDR 1953, 49; Schilling JZ 1953, 163.

II. Möglichkeiten der Finanzierung durch Dritte

Insbesondere die von der Rechtsprechung entwickelten Grundsätze zur „Durchgriffshaftung" bilden für die armenrechtliche Problematik einen brauchbaren Ansatzpunkt. Sie zeigen zum einen den wirtschaftlichen Anknüpfungspunkt auf und bieten zum anderen eine Lösung, die für das Armenrecht übernommen werden kann. Die Frage, ob der Alleinaktionär die Erfüllung von Gesellschaftsverbindlichkeiten schuldet, wird vom gleichen Ansatzpunkt aus beantwortet wie die nach der Auferlegung der Prozeßkostenlast. Auch die „Durchgriffshaftung" ist die Folge aus der inhabergleichen Stellung des Alleinaktionärs.

Demnach ist der juristischen Person das Armenrecht zu versagen, wenn der sie tragende Alleinaktionär in der Lage ist, die Prozeßkosten aufzubringen.

Dieses Ergebnis wird auch den praktischen Anforderungen der Armenrechtsgewährung gerecht, da die Stellung des Alleinaktionärs in aller Regel auch ohne Nachforschungen offenbar sein wird und andererseits von der Aktiengesellschaft ohne Schwierigkeiten die Existenz mehrerer Aktionäre nachgewiesen werden kann.

(3) Die Beteiligung des Aktionärs mit qualifizierter Mehrheit

Einen ganz erheblichen Einfluß auf die Geschicke der Gesellschaft hat auch der Aktionär mit mindestens 75 % Beteiligung. Auch er beherrscht die Aktiengesellschaft, weil sogar für die grundlegendsten Entscheidungen 75 % der Hauptversammlungsstimmen ausreichen[38]. Zudem treffen auch ihn die wirtschaftlichen Ergebnisse, Gewinne und Verluste, der Aktiengesellschaft in besonderem Maße.

Dennoch ist die Gesellschaft in seiner Hand nicht Organgesellschaft. Sein Wille ist nicht notwendig mit dem der Gesellschaft identisch, sondern nur zu einem Teil deckungsgleich. Zwar kann der qualifizierte Mehrheitsaktionär seinen Willen immer durchsetzen. Vorausgehen muß aber ein eigener Willensbildungsprozeß der Gesellschaft, verbunden mit einer Abstimmung. Von einer Willensidentität kann also nicht gesprochen werden. Außerdem fallen ihm nie 100 % des Gewinns zu, so daß von einer wirtschaftlichen Identität nicht die Rede sein kann. Wenn auch der qualifizierte Mehrheitsaktionär dem Alleinaktionär in vielem angenähert ist, so erreicht er ihn doch nicht ganz. Gerade das wesentliche Merkmal, daß das rechtliche und wirtschaftliche Eigentum an der streitbefangenen Sache in zwei verschiedenen Händen liegt, ist nicht erfüllt. Der Umfang des wirtschaftlichen Eigentums an der Sache ist geringer als der des juristischen.

---

[38] Vgl. die Vorschriften des Aktiengesetzes: §§ 182 (Kapitalerhöhung); 262, 274 (Auflösung); 319 (Eingliederungsverträge); 293 (Unternehmensverträge); 340 Abs. 2, 353 (Verschmelzungen); 362 (Umwandlungen).

Zudem muß in Hinblick auf die Praktikabilität berücksichtigt werden, daß es im Einzelfall durchaus unklar sein kann, ob eine Beteiligung von 75 % vorliegt oder nicht. Die Beteiligung kann im Einzelfall schwanken oder in ihrer genauen Größe unbekannt sein. Es kann sich um Vorzugsaktien ohne Stimmrecht handeln (§§ 139 ff. AktG), oder die Mitgliedsrechte können durch Sonderrechte anderer Aktionäre eingeschränkt sein. Ohne dazu auf Einzelheiten einzugehen, bestände zumindest die Möglichkeit, daß im Armenrechtsverfahren in komplizierte Untersuchungen über die Beteiligungs- und Stimmrechtsverhältnisse eingetreten werden müßte. Nicht nur die prozessierende Aktiengesellschaft wäre dadurch überfordert. Es gilt vielmehr generell, diese Schwierigkeiten im summarischen Armenrechtsprüfungsverfahren zu vermeiden. Auch aus diesem Grunde kann die Berücksichtigung von Aktionären nur in eindeutigen Fällen befürwortet werden, nur dann, wenn es um die Stellung eines Alleinaktionärs geht.

Aber selbst, wenn die qualifizierte Mehrheitsbeteiligung bekannt wäre, könnte sie nicht als ausreichend erachtet werden, um unter Hinweis darauf der juristischen Person das Armenrecht zu versagen, weil eine Durchbrechung des Trennungsprinzips nach den dargelegten Grundsätzen nicht erforderlich und zulässig ist[39].

(4) Die Beteiligung der Gesamtheit der Aktionäre

Mit gleicher Begründung muß an dieser Stelle auch der verschiedentlich[40] angesprochenen Lösung entgegengetreten werden, die unabhängig von dem Umfang des jeweiligen Anteils auf die Gesamtheit der Anteilseigner abstellt und dieser die Kostenlast mit auferlegt.

Danach könnten z. B. zwei allein beteiligte Großaktionäre als Gesamtheit berücksichtigt werden. Darunter fallen aber auch gleichermaßen die Fälle einer Vielzahl von Kleinaktionären.

Bereits dieser Vergleich zeigt, daß ein „Durchgriff" in keinem dieser Fälle zulässig ist, weil darin eine generelle Durchbrechung des Trennungsprinzips zu sehen wäre. Ein „Durchgriff" kann nur dann ausnahmsweise bejaht werden, wenn er sich auf eine Person erstreckt, die eine genau bestimmbare Sonderstellung innehat. Auf zwei oder mehrere Personen, die als Gesamtheit diese Sonderstellung einnehmen, ist er unzulässig, weil er dann bei allen juristischen Personen ohne Unterschied möglich wäre — entgegen der prinzipiellen Trennung und mit der gleichen Wirkung gegenüber dem einzelnen wie eine generell zu-

---

[39] Bereits Schilling (JZ 1953, 161, 164) weist darauf hin, daß der Trennungsgrundsatz nur zu Lasten des *einzigen* Gesellschafters durchbrochen werden dürfe. Ebenso Reinhardt, Festschrift für Heinrich Lehmann, S. 576 ff.

[40] Vgl. OLG Hamburg MDR 1974, 939.

II. Möglichkeiten der Finanzierung durch Dritte

lässige Durchbrechung. Ein unzulässiger „Durchgriff" auf die einzelnen Träger einer juristischen Person darf nicht dadurch umgangen werden, daß auf die Gesamtheit durchgegriffen und damit dennoch der einzelne getroffen wird.

(5) Die Beteiligung von Großaktionären

Das gilt erst recht für alle die Beteiligungen, die unter 75 % liegen. Insbesondere für eine 25%ige Beteiligung hat das Bundesverfassungsgericht[41] in einem anderen Zusammenhang die Durchbrechung des Trennungsprinzips bei einer Beteiligung von 25 % als verfassungswidrig beurteilt.

(6) Die Beteiligung kraft Unternehmensvertrages, §§ 291 ff. AktG

Neben diesen Fällen unterschiedlicher Beteiligung von Anteilseignern ist in Hinblick auf das Armenrecht der Aktiengesellschaften die Verbindung verschiedener Gesellschaften untereinander interessant. Die Vielgestaltigkeit dieser Beziehungen macht es unmöglich, sie alle aufzuzählen. Insofern ist es sinnvoll, sich auf die Mustertypen, die das Aktiengesetz regelt, zu beschränken.

Im Ersten Teil des 3. Buches des Aktiengesetzes „Unternehmensverträge" werden in § 291 die Beherrschungs- und Gewinnabführungsverträge geregelt. In der Praxis treffen meist beide Verträge zusammen und bilden einen sogenannten Organschaftsvertrag[42]. Die Behandlung dieses Vertragstyps ist vor allem im Steuerrecht von Bedeutung. Dort wurden auch die Grundsätze erarbeitet, nach denen eine Durchbrechung der rechtlichen Selbständigkeit ermöglicht wurde. Diese auf wirtschaftlichen Überlegungen basierenden Erkenntnisse hat das Aktienrecht im wesentlichen übernommen.

Bei diesen Organschaftsverträgen unterstellt eine Aktiengesellschaft oder Kommanditgesellschaft auf Aktien die Leitung ihres Unternehmens einem anderen Unternehmen und verpflichtet sich, den ganzen Gewinn an dieses andere Unternehmen abzuführen. Der Gewinnabführung steht die Verpflichtung der Organgesellschaft gleich, ihr Unternehmen für Rechnung eines anderen Unternehmens zu führen. Gerade

---

[41] In BVerfGE 13, 331 ff. wurde entschieden, daß § 8 Ziff. 6 GewStG nichtig sei, da eine „wesentliche Beteiligung" noch nicht ausreiche, die Selbständigkeit der juristischen Person zu durchbrechen und daher ein Verstoß gegen Art. 3 Abs. 1 GG vorliege. Ausgangspunkt des BVerfG war dabei, daß als „wesentlich Beteiligte" i. S. von § 8 Ziff. 6 GewStG schon „die natürlichen Personen, die entweder allein oder zusammen mit Angehörigen zu mehr als einem Viertel an dem Unternehmen beteiligt sind" (§ 20 Abs. 2 GewStDV 1950) gelten.

[42] Vgl. Baumbach / Hueck, Anm. 4 vor § 291 m. w. N.

dies macht deutlich, daß die Organgesellschaft zwar rechtlich noch selbständig ist, jedoch jedes eigene wirtschaftliche Interesse an seinen Angelegenheiten verloren hat. Führt es einen eigenen Prozeß, so geschieht auch das nur im wirtschaftlichen Interesse und auf Rechnung des Organträgers, dem aus diesem Grunde auch die Kostenlast mit auferlegt werden muß. Bei dieser Konstellation liegen also die rechtliche und die wirtschaftliche Inhaberschaft der streitbefangenen Sache wieder eindeutig in zwei Händen, fallen also „deckungsgleich" auseinander.

Dieser besonderen wirtschaftlichen Verbindung trägt das Aktiengesetz in § 302 Abs. 1 Rechnung, indem es das Organträgerunternehmen zur Übernahme von Verlusten der Organgesellschaft verpflichtet[43]. Es bringt damit zum Ausdruck, daß als Folge der wirtschaftlichen Verbindung die rechtliche Trennung zwischen Haupt- und Organgesellschaft nicht mehr aufrechterhalten werden kann. Die Haftung im Innenverhältnis erhöht zwar die Möglichkeit zur Eigenfinanzierung des Prozesses durch die Organgesellschaft nicht, ist aber ein eindeutiges Zeichen des Gesetzgebers dafür, bei der Aufbringung von Finanzmitteln für die Organgesellschaft ohne Rücksicht auf das Trennungsprinzip auf den hinter dem Organ stehenden Träger durchzugreifen.

Diesen besonderen wirtschaftlichen Gegebenheiten, auf denen auch die gesetzgeberische Entscheidung des § 302 Abs. 1 AktG beruht, wird beim Armenrecht sinnvollerweise dadurch Rechnung getragen, daß nicht erst im Wege des Nachschusses, sondern bereits im Vorgriff dem Organträger, dem wirtschaftlichen Rechtsinhaber, die Kostenlast mit auferlegt wird. Ist also im Prozeß der Organgesellschaft der Organträger in der Lage, die Kosten aufzubringen, so kann die Organgesellschaft nicht unter Hinweis auf ihre Bedürftigkeit Armenrecht erlangen, ohne die Dürftigkeit auch des Organträgers nachzuweisen.

Zum gleichen Ergebnis gelangt man in den Fällen, in denen Beherrschung und Gewinnabführung nicht zusammenfallen, sondern nur eine der beiden Arten von Unternehmensverträgen vorliegt. Auch dann sieht das AktG in § 302 Abs. 1 eine Erfüllungsübernahme im Innenverhältnis vor, normiert also wiederum den Vorrang der wirtschaftlichen Verbindung vor der juristischen Trennung. Auch in diesen Fällen kommt der Hauptgesellschaft entweder durch Gewinnübernahme oder Beherrschung — jeweils in Verbindung mit der Verlustübernahme — eine solche Stellung zu den Rechten und Pflichten der beherrschten Gesellschaft zu, daß sie als wirtschaftlicher Inhaber angesehen werden kann. Ist sie nicht bereit, im Wege des Vorschusses die Prozeßkosten für das beherrschte Unternehmen aufzubringen, so ent-

---

[43] Dazu Baumbach / Hueck § 362, 1 mit Hinweis auf den früheren „Ergebnisübernahmevertrag", der ebenfalls eine Verlustübernahme vorsah.

hält die Armenrechtsverweigerung keine unzumutbare Rechtsverweigerung.

Auch hier muß also die Leistungsfähigkeit des herrschenden Unternehmens bei der Prüfung der Armenrechtsvoraussetzungen berücksichtigt werden.

Unter der Überschrift „Andere Unternehmensverträge" sind in § 292 AktG die Gewinngemeinschaft, der Teilgewinnabführungsvertrag und der Betriebspacht- und Überlassungsvertrag beschrieben. In keinem dieser Fälle fallen typischerweise die rechtliche und wirtschaftliche Rechtsinhaberschaft bzw. Pflichtenposition in Bezug auf die Prozeßsache auseinander. Es besteht zwar eine enge Verbindung zwischen den beteiligten Unternehmen und dementsprechend auch ein erhebliches wirtschaftliches Interesse an den Prozessen der Partnerunternehmen. Dennoch führt diese Verbindung nicht zur Deckungsgleichheit der beiden Unternehmen in Bezug auf den Gegenstand des Rechtsstreits. Die wirtschaftliche Verbindung bei der Teilgewinnabführung und dem Gewinnpool erreicht nur einen Teil der Verbindung, der bei den Gewinnabführungs- und Beherrschungsverträgen vorliegt. Dementsprechend verneint das Gesetz eine Durchbrechung der Trennung aus wirtschaftlichen Erwägungen und sieht keine Pflicht zur Verlustübernahme vor. Dieses Ergebnis entspricht dem oben bei der Bewertung der Stellung eines qualifizierten Mehrheitsaktionärs erlangten, wo ein „Durchgriff" ebenfalls abgelehnt worden war.

Allein bei den Betriebspacht- und Überlassungsverträgen gelten Ausnahmen. Das i. S. v. § 302 Abs. 2 AktG herrschende Unternehmen hat im Grunde eine dem wirtschaftlichen Inhaber vergleichbare Stellung, wäre also genau wie das herrschende Unternehmen i. S. v. § 291 AktG bei der Prüfung der „Armut" der abhängigen Gesellschaft zu berücksichtigen. Jedoch lehnt das Aktiengesetz grundsätzlich einen solchen „Durchgriff" ab und macht nur für den Fall eine Ausnahme, daß „die vereinbarte Gegenleistung das angemessene Entgelt nicht erreicht" (§ 302 Abs. 2 AktG). Diese im Aktienrecht sinnvolle Regelung kann auf das Armenrecht nicht übertragen werden. Sie ist dafür zu unpraktikabel, weil es unmöglich ist, im Armenrechtsprüfungsverfahren die Angemessenheit des Entgelts zu prüfen.

Es muß also im Ergebnis bei dem Grundsatz bleiben, nach dem bei den „anderen Unternehmensverträgen" i. S. v. § 292 AktG ein „Durchgriff" weder aktienrechtlich noch armenrechtlich möglich ist.

(7) Die Beteiligung kraft Eingliederung, §§ 319 ff. AktG

Der Dritte Teil des 3. Buches behandelt die „eingegliederten Gesellschaften". Von einer Eingliederung spricht § 319 AktG dann, wenn sich alle Aktien der einzugliedernden Gesellschaft in der Hand der zukünftigen Hauptgesellschaft befinden und ein entsprechender Beschluß beider Gesellschaften vorliegt. Nach § 320 AktG ist eine Eingliederung durch Mehrheitsbeschluß auch dann möglich, wenn sich 95 % des Aktienkapitals in der Hand der Hauptgesellschaft befinden.

Genau wie in dem Fall des Alleinaktionärs ist in dieser Konstellation ein „deckungsgleiches Auseinanderfallen" von rechtlichem und wirtschaftlichem Inhaber zu bejahen. Die eingegliederte Gesellschaft bleibt zwar juristisch selbständig, ist wirtschaftlich aber nur noch Teil der Hauptgesellschaft. Insofern betreffen auch die Prozesse der Untergesellschaft wirtschaftlich mindestens, ja überwiegend die Hauptgesellschaft. Dieser auf die höchste Stufe der Verbindung zweier rechtlich selbständiger Unternehmen gestellten Konstellation vor der Fusion entspricht die in § 322 AktG vorgesehene gesamtschuldnerische Haftung der Hauptgesellschaft für die Verbindlichkeiten der Untergesellschaft.

In armenrechtlicher Hinsicht resultiert aus der Eingliederung, daß bei der Feststellung der „Armut" neben dem Leistungsvermögen des eingegliederten Unternehmens auch auf das der Hauptgesellschaft abgestellt werden muß. Das ist nicht primär mit der gesamtschuldnerischen Haftung zu begründen, weil daraus nicht zwingend auf die armenrechtliche Berücksichtigung geschlossen werden kann. Ansatzpunkt ist vielmehr die Eingliederung des Unternehmens. Wird nämlich dem eingegliederten Unternehmen das Armenrecht unter Hinweis auf die Zahlungsfähigkeit der Hauptgesellschaft versagt, so resultiert daraus keine Rechtsverweigerung infolge Rechtsschutzverweigerung, sondern infolge Rechtsschutzverzichts des (wirtschaftlichen) Rechtsinhabers für die Untergesellschaft und damit (wirtschaftlich) für sich selbst. Die gesamtschuldnerische Haftung ist ihrerseits auch nur die Folgerung aus der Stellung der Hauptgesellschaft als wirtschaftlichem Rechtsinhaber. Der haftungsrechtliche „Durchgriff" in § 322 AktG folgt — genau wie der armenrechtliche — aus der besonderen Verbindung zwischen den Gesellschaften.

Im Ergebnis wird also für das Armenrecht das Verhältnis zwischen eingegliederter und Hauptgesellschaft gleichbehandelt mit dem zwischen Alleinaktionär und Aktiengesellschaft: Auch der Hintermann muß außerstande sein, die Prozeßkosten aufzubringen.

(8) Ergebnis

Damit steht für das Armenrecht der Aktiengesellschaft fest, daß es bei der Frage der Bedürftigkeit dann auch auf die Vermögenslage dritter selbständiger Rechtssubjekte ankommt, wenn diese entweder Alleinaktionäre, im Sinne von §§ 291 f. i. V. m. 302 AktG herrschende Unternehmen oder Hauptgesellschaften im Sinne von §§ 319 ff. AktG sind. In allen anderen Fällen muß eine Durchbrechung abgelehnt werden, da weder die Voraussetzungen dafür vorliegen, noch das Aktiengesetz einen „Durchgriff" vorgesehen hat. Wenn auch im Einzelfall faktische Beherrschungs- und Gewinnabführungsverhältnisse möglich sind, so müssen diese dennoch außer Betracht bleiben, da sie weder festgelegt, noch institutionalisiert sind und dementsprechend im Armenrechtsprüfungsverfahren zu einer untragbaren Ausweitung der Ermittlungen führen würden. Außerdem muß die Bewertung der Beteiligungsverhältnisse durch den Aktiengesetzgeber respektiert werden.

Insgesamt jedoch dürften Fragen dieser Art, deren Klärung den Rahmen des Armenrechtsverfahrens sprengen würde, nur eine verschwindende Rolle spielen. Bei den angeführten Unternehmensverbindungen ist nämlich die Offenkundigkeit besonders dadurch gewährleistet, daß die Verträge der Schriftform bedürfen (§ 293 Abs. 3 AktG), in das Handelsregister eingetragen werden müssen (§§ 294, 298, 319 Abs. 3 und Abs. 4 AktG) und Informationspflichten untereinander bestehen (§§ 328 Abs. 3, 20 AktG). Diese Beziehungen können also auch im summarischen Armenrechtsverfahren schnell geklärt werden. Die Ergebnisse entsprechen demnach auch praktischen Erfordernissen.

Weiterhin ist auf eine gewissermaßen „natürliche Grenze" der Inanspruchnahme hinzuweisen. Einem Anteilseigner, der die Prozeßkosten nur über die Veräußerung seiner Beteiligung aufzubringen in der Lage ist, kann nicht zugemutet werden, einem Unternehmen zu helfen, an dem er zugleich seine Beteiligung aufgibt und damit sein wirtschaftliches Interesse verliert. Allenfalls die Belastung seines Anteils ist ihm zuzumuten.

Das gleiche gilt für denjenigen, der nur unter Beeinträchtigung seines notwendigen Unterhalts Kosten zur Finanzierung des Prozesses aufbringen könnte. Da niemand für einen fremden Prozeß in weiterem Umfang aufzukommen braucht als für einen eigenen, gelten für ihn die Regeln des § 114 Abs. 1 ZPO.

d) Die Kommanditgesellschaft auf Aktien

Eine enge Verwandtschaft zur Aktiengesellschaft zeigt die Kommanditgesellschaft auf Aktien. Diese stellt zwar eine Mischform zwischen Aktiengesellschaft und Kommanditgesellschaft dar, steht aber der

Aktiengesellschaft wesentlich näher, ist vor allem auch eine selbständige juristische Person, § 278 Abs. 1 AktG[44]. Im Unterschied zur Kommanditgesellschaft ist also die Gesellschaft selbst Partei und nicht die Gesamthandsgemeinschaft der Gesellschafter. Die persönlich haftenden Gesellschafter und die Kommanditaktionäre sind nicht Partei. Inwieweit sie bei der Verteilung der Kostenlast herangezogen werden müssen, beantwortet sich aus diesem Grunde anders als bei der Kommanditgesellschaft.

(1) Die Stellung der persönlich haftenden Gesellschafter

Die Rechtsverhältnisse der persönlich haftenden Gesellschafter richten sich gem. § 278 Abs. 2 AktG nach den Vorschriften des Handelsgesetzbuches. Sie haben also die Stellung von Komplementären nach §§ 161 Abs. 2, 128 HGB und haften persönlich, primär und unmittelbar als Gesamtschuldner neben der Gesellschaft[45]. Diese Konstellation legt es nahe, auch armenrechtlich die persönlich haftenden Gesellschafter der Kommanditgesellschaft auf Aktien wie Komplementäre der Kommanditgesellschaft zu behandeln.

Bedenken dagegen ergeben sich daraus, daß der Komplementär der Kommanditgesellschaft auf Aktien nicht Gesellschafter und nicht Mitinhaber des streitbefangenen Rechts ist, sondern nur gesamtschuldnerisch „neben" der Gesellschaft für deren Verpflichtungen haftet, ohne daß es — wie bei der Offenen Handelsgesellschaft und Kommanditgesellschaft — „seine" Verpflichtung wäre[46].

Unter Zugrundelegen der wirtschaftlichen Stellung des Komplementärs ist dieser Unterschied zur Kommanditgesellschaft mit Barz[47] indes als bloß „rechtstheoretisch" anzusehen. Für die Frage, wer die für die juristische Person entstehenden Prozeßkosten mit zu tragen hat, ist der Unterschied ohne Bedeutung. Der persönlich haftende Gesellschafter der Kommanditgesellschaft auf Aktien trägt (mit) die Prozeßkostenlast und ist bei der Armutsfeststellung zu berücksichtigen.

(2) Die Stellung der Kommanditaktionäre

Die Gleichbehandlung von Kommanditist und Kommanditaktionär erscheint auf den ersten Blick problemlos. Dabei bliebe aber außer Betracht, daß dem Kommanditisten nur deshalb auch die Kostenlast

---

[44] Vgl. Hueck, GesR S. 228, der die KGaA auch als „Abart" der AG bezeichnet.
[45] Vgl. Godin / Wilhelmi / Wilhelmi § 278 Anm. 4.
[46] Vgl. Godin / Wilhelmi / Wilhelmi § 278 Anm. 5.
[47] Vgl. Barz in Großkommentar zum AktG § 219 Anm. 8.

auferlegt wurde, weil er als Teil der Gesamthandsgemeinschaft selbst Partei ist. Der Kommanditaktionär hat jedoch keine Parteistellung. Auch ist der Kommanditaktionär im Gegensatz zum Kommanditisten nicht ein beschränkt haftender Schuldner der Prozeßkosten. Der Kommanditaktionär hat zur Gesellschaft und deren Prozeß die gleiche Stellung wie der Aktionär zur Aktiengesellschaft. Er kann beispielsweise ohne Zustimmung der Gesellschaft aus dieser ausscheiden, indem er seinen Anteil veräußert. Beim Wechsel eines Kommanditisten muß hingegen der Gesellschaftsvertrag einverständlich geändert werden.

Aus diesen Gründen ist eine unterschiedliche Behandlung von Kommanditisten und Kommanditaktionären geboten. Die Kommanditaktionäre bleiben bei der Feststellung der „Armut" unberücksichtigt.

Aber auch die Grundsätze, nach denen der Alleinaktionär zur Kostentragung herangezogen wird, können nicht übernommen werden, da es wegen der herausragenden Stellung der persönlich haftenden Gesellschafter nie zu einer entsprechenden Identifizierung von Gesellschaft und Anteilseigner kommen wird wie bei einem Alleingesellschafter. Auch der Kommanditaktionär, der alle Anteile in seiner Hand vereinigt, hat niemals die Stellung eines wirtschaftlichen Eigentümers der streitbefangenen Sache, es sei denn, er wäre gleichzeitig der einzige persönlich haftende Gesellschafter.

e) Die Gesellschaft mit beschränkter Haftung

Bei der Gesellschaft mit beschränkter Haftung ist die Konstellation ähnlich wie bei der Aktiengesellschaft. Die Gesellschafter können nur dann mit den Kosten belastet werden, wenn sie Alleingesellschafter sind und deshalb das rechtliche und wirtschaftliche Eigentum am Vermögen der Gesellschaft auseinanderfallen.

Zur Problematik der Unternehmensverbindungen enthält das GmbH-Gesetz keine Vorschriften wie das Aktiengesetz. Dennoch ist nach verbreiteter Ansicht[48] die Regelung des 3. Buches des Aktiengesetzes auch auf die Gesellschaft mit beschränkter Haftung anzuwenden. Dafür spricht auch der Entwurf der Bundesregierung für ein neues GmbH-Gesetz[49], der in den §§ 230 ff. den §§ 291 ff. AktG in allen Einzelheiten entsprechende Regelungen vorsieht. Im Ergebnis kann hier die Frage aber ungeklärt bleiben, ob bereits heute die §§ 291 ff. AktG auf die Gesellschaft mit beschränkter Haftung entsprechend anwendbar sind. Für das Armenrecht kommt es nur darauf an, ob Dritte zu der Gesellschaft in so engen Verhältnissen stehen, daß sie wirtschaftlich gesehen Inha-

---

[48] Vgl. Serik S. 108 ff. m. w. N.
[49] Bundestagsdrucksache VI/3088.

ber der der Gesellschaft mit beschränkter Haftung als dem rechtlichen Inhaber zustehenden, im Prozeß umstrittenen Rechte und Pflichten sind. Das ist bei Organverträgen, bei Beherrschungs-, Gewinnabführungs- und Eingliederungsverträgen anzunehmen. Insofern kann in diesem Zusammenhang wieder auf die Lösungen bei der Aktiengesellschaft verwiesen werden. Beim Armenrecht der Gesellschaft mit beschränkter Haftung sind Dritte gleichermaßen beachtlich, wenn es um die Feststellung der Bedürftigkeit geht.

f) Der eingetragene Verein

(1) Das Verhältnis des Vereins zu seinen Mitgliedern

Ebenso wie in den anderen Fällen des Armenrechts für juristische Personen ist auch beim rechtsfähigen Verein der §§ 21 ff. BGB von einer generellen Trennung zwischen dem Verein und den Mitgliedern auszugehen. Partei eines Vereinsprozesses ist der Verein nicht die Mitglieder. Diese sind grundsätzlich über ihre Beiträge hinaus weder zu Leistungen an den Verein verpflichtet, noch zu einer Haftung im Außenverhältnis. Aus diesem Grunde kommt auch eine Beteiligung der Mitglieder an der Prozeßkostenlast generell nicht in Betracht.

Fraglich ist, ob dieser Grundsatz nicht Ausnahmen erfahren muß. Anhaltspunkte könnten z. B. darin gesehen werden, daß Vereinssatzungen Abweichungen von der gesetzlichen Stimmrechtsgleichheit aller Mitglieder normieren und auch Nachschußpflichten vorsehen können.

Wenn auch die Bindung aller Mitgliederstimmen in einer Hand — ähnlich wie beim Alleinaktionär — schwer vorstellbar erscheint, so sind doch Fälle denkbar, in denen Mitglieder im Innenverhältnis zur Übernahme der Vereinsverluste verpflichtet sind. Eine solche Durchbrechung des Trennungsprinzips zwischen Verein und Mitgliedern muß auch bei der Armenrechtsgewährung dahin berücksichtigt werden, daß der juristischen Person unter Hinweis auf die Zahlungsfähigkeit der nachschußverpflichteten Mitglieder das Armenrecht verweigert wird.

Grundsätzlich aber ist die Trennung auch beim Armenrecht aufrechtzuerhalten. Keinesfalls ist es möglich, wie das Kammergericht[50] zu verfahren. Danach „macht es die körperschaftliche Zweckbindung erforderlich, Verein und Mitglieder zu identifizieren, wenn es sich um die Bewilligung des Armenrechts handelt". Abgesehen davon, daß sich diese Auffassung mit dem Trennungsprinzip nicht vereinbaren läßt, kann auch nicht nur für den Einzelfall des Armenrechts eine Identität behauptet werden. Entweder es liegt Identität vor — dann generell, oder es liegt keine vor — dann auch nicht beim Armenrecht.

---
[50] KG NJW 1956, 469.

II. Möglichkeiten der Finanzierung durch Dritte

Weitere Durchbrechungen des Trennungsprinzips sind nur unter Zuhilfenahme der Grundsätze der „Durchgriffsrechtsprechung" möglich. Einen dieser Fälle hat der Bundesgerichtshof[51] auch für rechtsfähige Vereine entschieden. Er bejahte eine Durchgriffshaftung mit der Begründung, „daß die juristische Konstruktion hintanzusetzen sei, wenn die Wirklichkeit des Lebens, die wirtschaftlichen Bedürfnisse und die Macht der Tatsachen eine solche Handhabung gebieten"[52]. Es handelte sich dabei um einen Fall, in dem mehrere Grundstückspächter sich zur Abwicklung der Geschäfte mit dem Verpächter eines eigens dafür gegründeten Vereins „bedienten", der keinen anderen Zweck verfolgte. Hier gelangte der Bundesgerichtshof bei der Prüfung eines Zahlungsanspruchs des Verpächters gegen den Verein zu einem „Durchgriff" auf die Vereinsmitglieder. Ebenso hätte er auf die Mitglieder „durchgreifen" müssen, wenn der Verein für einen Prozeß mit dem Verpächter um Armenrecht nachgesucht hätte, da auch für diesen Fall das „Zwischenschieben" eines Vereins die tatsächliche wirtschaftliche Konstellation verschleiert.

Insgesamt wird daraus deutlich, daß Mitglieder bei der Gewährung des Armenrechts an den eingetragenen Verein grundsätzlich keine Berücksichtigung finden und deren Zahlungsfähigkeit nur in den dargestellten Fällen einer Durchbrechung der Trennung zwischen Verein und Mitgliedern beachtlich ist.

(2) Das Verhältnis des Vereins zu sonstigen Dritten

In dieser Beziehung ergeben sich bei einem Vergleich des rechtsfähigen Vereins mit den Erwerbsgesellschaften einige Besonderheiten, wenn auch im Vereinsleben Eingliederung und Beherrschung vorkommen können. Da der Verein nach §§ 21 ff. BGB ein nicht wirtschaftlicher ist, ist auch eine Beherrschung auf wirtschaftlichem Gebiet nur insoweit möglich, als die Wirtschaftsführung des Vereins betroffen wird. Bei Prozessen kommt das zunächst auf den Streitgegenstand an. Zudem gehört aber auch die mit jedem Prozeß verbundene Kostenbelastung dazu.

Aus den gleichen Gründen ist auch eine Gewinnabführung des Vereins nicht möglich, allenfalls eine Abtretung der Beiträge. An die Stelle des Gewinns bei Erwerbsgesellschaften muß beim Verein der Vereinszweck treten und die Frage der Vereinsfinanzierung.

Dabei ist das Problem, auf welche Dritte der Staat sich bei der Armenrechtsverweigerung beziehen kann, mit den dargestellten Modifi-

---
[51] BGHZ 54, 222 ff.
[52] BGHZ 54, 224. Kritisch zu dieser vom Reichsgericht entwickelten Formel: Reinhardt in Festschrift für Heinrich Lehmann S. 579.

kationen nach den gleichen Grundsätzen zu lösen, wie bei den Erwerbsgesellschaften. Zu beachten ist jedoch, daß mangels einer dem Aktiengesetz vergleichbaren Regelung die Verhältnisse beim Verein ungleich undurchsichtiger sind. Aus diesem Grunde muß es an dieser Stelle ausreichen, die Grundsätze herauszustellen, ohne alle Einzelfälle zu bedenken oder typische Fallkonstellationen zu erarbeiten.

Maßgeblich muß sein, auf wessen Rechnung der Prozeß geführt wird. Dafür genügt nicht, daß der Verein seine Wirtschaftsführung auf einen Dritten, beispielsweise eine Verwaltungsgesellschaft, übertragen hat. Hinzukommen muß, daß dieser Dritte die Verluste aus der Prozeßführung zu tragen hat oder haftpflichtig ist. Daran ändert sich auch dann nichts, wenn der Verein die Mitgliedsbeiträge regelmäßig an den Dritten abführt. Auch reicht die Beherrschung eines Vereins nicht aus, solange nicht gleichzeitig eine wirtschaftliche Verbindung in Gestalt einer Regreß- oder Haftpflicht besteht. Eine bloß organisatorische Eingliederung in einen Verband begründet keine Kostenlast für diesen, sofern nicht auch eine Verlustübernahme vereinbart ist.

(3) Ergebnis

Daraus wird insgesamt deutlich, daß ein bloßes wirtschaftliches oder ideelles Interesse eines Dritten an der Prozeßführung des eingetragenen Vereins allein nicht ausreicht, um diesem die Prozeßkostenlast (mit-)aufzuerlegen. Notwendig ist, daß der Prozeß (auch) auf Rechnung des Dritten geführt wird, er also mittelbar oder unmittelbar auch die finanziellen Risiken des Prozesses trägt oder mitträgt, weil er haft- oder regreßpflichtig ist. Nur in diesen Fällen kann dem rechtsfähigen Verein unter Hinweis auf die Zahlungsfähigkeit dieser Dritten die Gewährung von Armenrecht versagt werden.

g) Der nicht rechtsfähige Verein

Unter dem Ausgangspunkt, daß der nicht rechtsfähige Verein im Prozeß wie eine juristische Person zu behandeln sei, ist es an dieser Stelle notwendig zu fragen, wann die Mitglieder und/oder andere Dritte neben dem Verein die Prozeßkostenlast tragen müssen. Grundsätzlich kann dafür auf die beim rechtsfähigen Verein erzielten Lösungen verwiesen werden. So gilt auch für den nicht rechtsfähigen Verein, daß nur in wenigen Ausnahmefällen ein Mitglied herangezogen werden kann oder außenstehende Dritte berücksichtigt werden müssen.

Dabei ist speziell beim nicht rechtsfähigen Verein ein Sonderfall zu beachten. Im Einzelfall ist es möglich, daß die Gründe für die Angleichung von rechtsfähigem und nicht rechtsfähigem Verein auf einen

II. Möglichkeiten der Finanzierung durch Dritte

nicht rechtsfähigen Verein nicht passen, weil dieser wegen seines geringen, überschaubaren Mitgliederkreises keinen korporativen Charakter hat. In diesen Fällen, in denen eine Angleichung eigentlich überflüssig wäre, kann über die Berücksichtigung der Mitglieder im Rahmen des § 114 Abs. 1 ZPO ein angemessener Ausgleich erzielt werden. Insbesondere also bei kleinen Vereinen, die wirklich den Charakter einer Gesamthandsgemeinschaft haben, ist es richtig, der gesetzlichen Konstruktion zu folgen und alle Mitglieder mit der Kostenlast zu belegen.

Die Angleichung von nicht rechtsfähigem und rechtsfähigem Verein wird also generell für den nicht rechtsfähigen Verein vorgenommen und aufrechterhalten. Ausnahmen davon werden mit der Berücksichtigung der Mitglieder bei der Armutsfeststellung gemacht.

h) Die Genossenschaft

Ein wesentliches Merkmal aller Genossenschaften ist die Gleichberechtigung aller Genossen. Nach § 43 Abs. 3 Satz 1 GenG hat jeder Genosse unabhängig vom Geschäftsanteil eine Stimme, nach § 43 Abs. 3 Satz 5 GenG ist die Möglichkeit, ein Mehrstimmrecht einzuräumen, auf drei Stimmen beschränkt und nach § 43 Abs. 3 Satz 6 GenG ist das Stimmrecht aller Genossen bei den grundlegenden Entscheidungen der Genossenschaft zwingend auf eine Stimme beschränkt. Aus diesem Grunde ist es für ein einzelnes Mitglied unmöglich, eine derart dominierende Stellung zu erlangen, daß die wirtschaftliche Selbständigkeit der Genossenschaft an den einzelnen Genossen verloren geht.

Ein armenrechtlicher Anknüpfungspunkt könnte indes in § 105 GenG gesehen werden, in dem die Genossen zum Nachschuß von Mitteln an die Genossenschaft verpflichtet werden. Genossenschaften mit sogenannter unbeschränkter Haftpflicht[53] bilden auch im Gegensatz zu solchen mit beschränkter Haftung heute noch die am weitesten verbreitete Form. Die Nachschußpflicht kann aber in der Satzung ausgeschlossen werden. Besteht eine solche Nachschußpflicht, liegt es nahe, daraus eine Kostenlast auch für die verpflichteten Genossen herzuleiten. Es muß aber beachtet werden, daß die Nachschußpflicht erst im Konkurs der Genossenschaft und damit nach deren Auflösung gem. § 101 GenG entsteht. Zu dem Zeitpunkt kann die Genossenschaft aber schon keinen eigenen Prozeß mehr führen. Allein der Konkursverwalter führt die Masseprozesse, und das Armenrecht richtet sich dann nach § 114 Abs. 3 ZPO. In diesem Fall handelt es sich also bei der Nachschußpflicht allein

---

[53] Da es sich nicht um eine Außenhaftung handelt, spricht man treffender von einer Nachschußpflicht.

um eine Ausfallsicherung für die Gläubiger der Genossenschaft, die nicht dazu herangezogen werden kann, die Genossen einzeln mit den Prozeßkosten zu belasten.

Im Bereich der Genossenschaften ist noch auf folgende Besonderheit einzugehen. Nach § 54 Abs. 1 GenG müssen alle Genossenschaften einem Dachverband angehören, dem das Prüfungsrecht zusteht. Diese Verbände haben in der Praxis einen erheblichen Einfluß auf die Geschäftsführung der selbständigen Einzelgenossenschaften. Dieser Einfluß führt jedoch nicht zu einem Verhältnis, welches einen armenrechtlichen Durchgriff auf die Prüfungsverbände erlauben würde. Weder verliert die Einzelgenossenschaft dadurch ihre Selbständigkeit, noch führt sie ihre Prozesse auf Rechnung des Prüfungsverbandes.

In der Praxis gehören Genossenschaften zudem auch meistens Zentralgenossenschaften oder anderen Dachverbänden mit wirtschaftlicher Zweckbestimmung an. Die Einzelgenossenschaften behalten zwar ihre Selbständigkeit, sind aber häufig weitgehend auf ihre Rolle im Zentralverband fixiert. Dennoch weisen diese Verbindungen in der Regel nicht die Qualifizierungen auf, die als Voraussetzung für einen „Durchgriff" durch die Einzelgenossenschaft auf den Zentralverband erfüllt sein müssen. Wenn auch die Abhängigkeit so stark sein kann, daß von einer Beherrschung gesprochen werden mag, so wäre doch eine Gewinnabführungspflicht an den Zentralverband undenkbar. Darin läge ein Verstoß gegen die Grundkonzeption, wonach die Genossenschaft den Erwerb oder die Wirtschaft ihrer Mitglieder fördern soll, § 1 Abs. 1 GenG. Ihre Zielrichtung ist es also, den Mitgliedern wirtschaftliche Vorteile zu ermöglichen, nicht anderen Dritten. Aus diesem Grunde ist es auch nicht denkbar, daß eine Einzelgenossenschaft ihre Geschäfte und Prozesse regelmäßig auf fremde Rechnung führt.

Insgesamt muß festgehalten werden, daß im Grundsatz ein armenrechtlicher Durchgriff auf die Zentralverbände nicht gerechtfertigt ist. Dies wäre allenfalls im Einzelfall dann zu bejahen, wenn eine Verlustübernahmepflicht des Zentralverbandes vereinbart worden wäre.

Soweit also nicht Ausnahmen — z. B. in der Form einer vertraglich vereinbarten Regreß- oder Nachschußpflicht — vorliegen, ist bei der Armenrechtsgewährung an rechtsfähige Genossenschaften allein auf deren Finanzkraft abzustellen.

i) Die privatrechtliche Stiftung

Die in §§ 80 ff. BGB geregelte privatrechtliche Stiftung ist eine zweckgebundene, rechtsfähige Vermögensmasse. Sie hat also keine Mitglieder als Träger, sondern nur Benutzer und Destinatäre. Grundsätzlich

II. Möglichkeiten der Finanzierung durch Dritte

hat neben den Organen kein Außenstehender Einfluß auf die Stiftung. Auch der Einfluß des Stifters erschöpft sich im Errichtungsakt. Diese Konstellation macht deutlich, daß es im Grundsatz niemanden geben kann, der die wirtschaftlichen Angelegenheiten der Stiftung allein beeinflussen und damit der Stiftung ihre wirtschaftliche Selbständigkeit rauben könnte.

Ausnahmen davon sind aber auch bei Stiftungen denkbar, die Übergangsformen zu verbandsmäßiger Organisation darstellen[54]. Zu nennen sind vor allem Familienstiftungen, deren Destinatäre, die Familienmitglieder, Mitgliedschaftsrechte und -pflichten haben und sogar satzungsmäßig befugt sein können, den Stiftungszweck zu ändern[54]. In solchen Fällen hat die Familie eine so herausragende Stellung, daß sie allein die Führung der Stiftungsgeschäfte beeinflussen und deren Erträge für sich beanspruchen kann.

Die Gesamtheit der Familie nimmt eine Position ein, die der eines Alleingesellschafters gleicht. Aus diesem Grunde ist auch schon verschiedentlich vorgeschlagen worden[55], den Gläubigern der Destinatäre den Zugriff auf das rechtlich selbständige Stiftungsvermögen zu gestatten. Es handelt sich hierbei nicht um einen „Durchgriff" durch die juristische Person, sondern umgekehrt „durch" die natürliche Person auf die juristische. Maßgeblich sind aber die gleichen Gründe, nämlich insbesondere die enge wirtschaftliche Verbindung, die die Stiftung als Teil des Privatvermögens der Destinatäre erscheinen läßt[56]. Unabhängig davon, ob eine solche Durchgriffshaftung in der gegenwärtigen Rechtslage möglich wäre, soll für das Armenrecht festgehalten werden, daß es auch im Recht der privaten Stiftungen Ausnahmen von dem Grundsatz geben kann, daß für die Prozeßkosten nur die Partei selbst aufzukommen hat. Denn wenn einerseits ein „Durchgriff" durch die Destinatäre auf die Stiftung zugelassen wird, muß mit gleicher Begründung dies auch umgekehrt für den „Durchgriff" auf die Destinatäre zutreffen. Die wirtschaftliche Verbindung und damit das durchschlagende wirtschaftliche Interesse der Destinatäre sind jeweils gleich. Aus diesem Grunde kann für das Armenrecht festgestellt werden, daß bei der aufgezeigten engen Verbindung die Berücksichtigung von Destinatären möglich erscheint.

Voraussetzung ist allerdings, daß es sich um einen Alleindestinatär handelt. Teilen sich mehrere die Erträge der Stiftung, ist nicht einer

---

[54] Vgl. Ebersbach S. 21, 111.
[55] So Däubler JZ 1969, 501.
[56] Die weitere Begründung, daß es unbillig wäre und einen Mißbrauch des Stiftungsinstituts darstellen würde, die wirtschaftliche Machtstellung der Familie über Generationen hinweg zu sichern (so Ebersbach S. 152) spielt in diesem Zusammenhang keine Rolle.

wirtschaftlicher Eigentümer, sondern die Gemeinschaft. Das würde nach den oben dargelegten Grundsätzen einen „Durchgriff" aber nicht rechtfertigen, da dafür das Auseinanderfallen von rechtlicher und wirtschaftlicher Inhaberschaft in zwei Hände als Voraussetzung angenommen wurde. Sind noch andere wirtschaftlich beteiligt, so liegt keine so starke wirtschaftliche Interessenstellung vor, daß ein „Durchgriff" gerechtfertigt wäre. Auch kann keinesfalls auf die Einheit der Familie verwiesen werden, da diese zwar möglicherweise einen einheitlichen Willen haben kann, dies aber nicht notwendigerweise der Fall zu sein braucht, und nichts für die Einigkeit der Familienmitglieder spricht. Es besteht also kein Unterschied zu Nichtverwandten. Für diese aber wird unter Berufung auf das Trennungsprinzip ein „Durchgriff" abgelehnt.

Im Ergebnis ist also bei privatrechtlichen Stiftungen grundsätzlich allein auf das Stiftungsvermögen abzustellen und nur in besonderen Ausnahmefällen auch auf einen Destinatär.

k) *Die juristischen Personen des öffentlichen Rechts*

Nach den juristischen Personen des Privatrechts muß die Frage der Beteiligung Dritter an den Prozeßkosten auch für die öffentlich-rechtlichen juristischen Personen geklärt werden. Dabei geht es insbesondere um die Rolle des Staates bei den Prozessen der rechtlich selbständigen Hoheitsträger. Diese genießen zwar zum Teil gemäß § 1 Abs. 2 GKG Gerichtsgebührenfreiheit, jedoch gilt das nicht für alle und nicht für alle Verfahren, vgl. z. B. § 163 VwGO.

Auch kann nicht eingewandt werden, daß es auf die Klärung der Frage, ob der Staat bei Prozessen „seiner" juristischen Person mit die Kostenlast zu tragen habe, nicht ankomme, weil er auf jeden Fall für die Kosten einzustehen habe, nämlich entweder als wirtschaftlich beteiligter Dritter oder als durch das Armenrecht Verpflichteter. Denn nur als wirtschaftlich beteiligter Dritter hat er die Möglichkeit, die Zahlung zu verweigern und auf die Prozeßführung zu verzichten. Als Verpflichteter des Armenrechts hingegen muß er sämtliche Kosten vorschießen.

Nicht verkannt werden darf jedoch, daß das Armenrecht für juristische Personen des öffentlichen Rechts eine praktisch untergeordnete Rolle spielt. Wenn auch in der Entstehungsgeschichte des § 114 Abs. 4 ZPO der Schutz öffentlich-rechtlicher Stiftungen und Gemeinden im Vordergrund der Bemühungen stand, so muß heute davon ausgegangen werden, daß sich juristische Personen des öffentlichen Rechts in der Regel selbst helfen können und daher kein Bedürfnis für ein Armenrecht besteht. Nur zur Abrundung des Gesamtbildes sollen daher im

II. Möglichkeiten der Finanzierung durch Dritte 85

vorliegenden Zusammenhang einige grundsätzliche Aspekte herausgestellt werden[57].

Die Körperschaften des öffentlichen Rechts sind als Selbstverwaltungsträger in der Regel rechtlich und wirtschaftlich so selbständig, daß weder ihre Träger, ihre Mitglieder, noch die aufsichtführenden staatlichen Organe, deren Aufgaben die Körperschaften mit wahrnehmen, mit den Prozeßkosten der juristischen Person belastet werden können.

Anders ist es bei den rechtsfähigen Anstalten des öffentlichen Rechts, sofern sie kein Selbstverwaltungsrecht genießen. Da das nur selten der Fall ist, kann davon ausgegangen werden, daß ein Träger vorhanden ist, der die juristische Person in ihrer Entscheidungsbefugnis derart beherrscht, daß mit Wolff / Bachof[58] davon gesprochen werden kann, daß „durch und in der Anstalt" der Wille des Trägers zur Geltung kommt. Weiterhin ist der Träger auch in wirtschaftlicher Hinsicht durch Prozesse der Anstalt betroffen, da er die Anstalt mit dem wirtschaftlich Notwendigen ausstattet und für ihren Bestand verantwortlich ist. Besonders deutlich wird die wirtschaftliche Verbindung dann, wenn der Träger als Gewährträger für die Verbindlichkeiten der Anstalt einzustehen hat. In diesen Fällen gebietet das Verhältnis zwischen Träger und Anstalt, das sich auch als das eines Organs zu seinem Organträger bezeichnen läßt[58], bei der Frage der „Armut" der juristischen Person auch die Finanzkraft des Trägers zu berücksichtigen.

Zwischen den Stiftungen des öffentlichen und des Privatrechts bestehen in Bezug auf das Armenrecht keine wesentlichen Unterschiede, so daß sich weitere Darstellungen erübrigen.

4. Ergebnis

a) Zusammenfassung

Alle in diesem Abschnitt dargestellten Beispiele für eine Durchbrechung des Trennungsprinzips zwischen juristischen Personen und selbständigen Dritten stellen keine abschließende Lösung aller Fälle dar, sondern beschränken sich auf typische Konstellationen. Zu allen Arten von juristischen Personen lassen sich weitere Beispiele denken, in denen genauso zu entscheiden wäre. Die Klärung dieser Fälle muß aber dem Einzelfall überlassen werden — wie es bei natürlichen Personen gemäß § 114 Abs. 1 ZPO auch geschieht. Das ist unter Zugrundelegung

---

[57] Für Einzelheiten bedürfte es eines Einstiegs in das öffentliche Finanzwesen mit seinen vielfältigen Besonderheiten. Damit würde vorliegend der Rahmen dieser Arbeit gesprengt und die praktische Bedeutung verkannt.
[58] Wolff / Bachof S. 319 ff.

der drei Anknüpfungspunkte für eine Ausnahme dafür, daß die Partei die Kosten allein tragen muß, auch ohne weiteres möglich:

— Erstens die Fälle der Prozeßstandschaft;
— zweitens die Fälle des Mißbrauchs und der Umgehung der Armenrechtsvorschriften;
— drittens die Fälle des Auseinanderfallens von wirtschaftlicher und rechtlicher Inhaberschaft.

b) Die Rolle der Haftung

Insbesondere in der dritten Fallgruppe, welche den Schwerpunkt des Dritten Teiles bildet, ist immer wieder die Rolle der Haftung erwähnt worden. Die im Zweiten Teil der Arbeit offengelassene Frage nach der Bedeutung der Haftungslage für die Qualifizierung Dritter als wirtschaftliche Eigentümer und damit für ihre Berücksichtigung bei der Prozeßfinanzierung der juristischen Person kann nunmehr zusammenfassend geklärt werden.

In allen Fällen hat derjenige, der für die Prozeßkosten haftet, auch die Kostenlast zu tragen. Er ist also bei der Feststellung der „Armut" zu berücksichtigen. Das ist beispielsweise bei den persönlich haftenden Gesellschaftern der Handelsgesellschaften, dem Organschaftsverhältnis, der Eingliederung und bei der sog. „Durchgriffshaftung" deutlich geworden. Andererseits müssen auch Personen berücksichtigt werden, die nicht oder nur beschränkt haften, wie z. B. der Kommanditist und der Rechtsinhaber, für den ein Prozeßstandschafter den Prozeß führt.

Aus diesen Uneinheitlichkeiten ist allein der Schluß zu ziehen, daß für das Armenrecht nicht undifferenziert auf die Haftungslage abgestellt werden darf, sondern weitergehend gefragt werden muß, ob es bei der Verweigerung des Armenrechts zu einer Rechtsverweigerung durch Rechtsschutzverweigerung kommt, oder ob ein freiwilliges Abstandnehmen des Betroffenen von der Rechtsverfolgung vorliegt. Eine Rechtsverweigerung hat das Armenrecht zu verhindern — bei einer freiwilligen Entscheidung muß es versagt werden. Ob mit der Weigerung, die Kosten zu tragen, ein Rechtsschutzverzicht erklärt wird, richtet sich nicht nur nach der Person des Rechtsinhabers, sondern auch nach der des wirtschaftlichen Inhabers, der „hinter" dem (bloß) rechtlichen steht. Ist der wirtschaftliche Inhaber in der Lage, die Kosten zu tragen, und verweigert er dies, so nimmt er von der Rechtsdurchsetzung, bzw. -verteidigung aus freien Stücken Abstand.

c) Die Bewertung der Ergebnisse

Über die dargestellten Beispiele hinaus kann den Lösungen insgesamt entnommen werden, daß der weite Rahmen, den bisher die Bezeichnung der wirtschaftlich Beteiligten in § 114 Abs. 4 ZPO zog, erheblich eingeengt wird. So können weder alle Angehörigen und Mitglieder der juristischen Personen, noch stille Teilhaber, weder Mitglieder von Vorstand und Aufsichtsrat noch Gläubiger für Prozesse der juristischen Person mit den Prozeßkosten belastet werden. Während § 114 Abs. 4 ZPO restriktiv von einer Armenrechtsgewährung für juristische Personen nur in Ausnahmefällen ausgeht, folgt diese Lösung dem Grundsatz, daß im Zweifel, nämlich wenn Gegenteiliges nicht sicher vorliegt, das Armenrecht bewilligt und somit lieber „zu viel" als „zu wenig" Armenrecht gewährt werden soll.

Die hier gefundenen Lösungen erfüllen insgesamt die Anforderungen des Gleichheitssatzes. Sie sind im Armenrechtsverfahren praktikabel, da ihre Ansatzpunkte auch bei einer summarischen Prüfung deutlich ausgemacht werden können. Außerdem ermöglichen sie klare Abgrenzungen, da sie sich nicht auf die Wiedergabe allgemeiner Gesichtspunkte wie „Zumutbarkeit" und „erhebliches Interesse" beschränken, sondern deutlich machen, wann die Kostenbelastung den Dritten zumutbar ist und welches wirtschaftliche Interesse erheblich ist.

III. „Der notwendige Unterhalt"

Nachdem die Fragen geklärt sind, welche Personen jeweils bei der Armenrechtsgewährung auf ihre Zahlungsfähigkeit zu überprüfen sind, stellt sich das Problem, in welchem Umfang die Finanzierungsmöglichkeiten berücksichtigt werden können. In § 114 Abs. 1 ZPO hat sich der Gesetzgeber dafür entschieden, daß natürliche Personen ihr Vermögen und Einkommen nur bis zur Grenze des für sich und ihre Familie notwendigen Unterhalts für den Prozeß einzusetzen brauchen. Vom Ausgangspunkt der Gleichbehandlung juristischer und natürlicher Personen her müßte dies auch für juristische Personen gelten bzw. Ausnahmen müßten besonders gerechtfertigt werden.

1. Die Notwendigkeit der Ausweitung auf juristische Personen

Die Sicherung eines notwendigen Unterhalts bei juristischen Personen wird überwiegend unter Hinweis auf die Gesetzesformulierung „für sich und seine Familie" abgelehnt[59]. Juristische Personen hätten keine Familien, seien nicht unterhaltsverpflichtet und benötigten keinen eigenen Unterhalt. Vor dem Jahre 1933 war das eines der Haupt-

---
[59] Vgl. Kurlbaum S. 80; Wetzel S. 16; Fuhrmann S. 56.

argumente gegen die Erstreckung des § 114 Abs. 1 ZPO auf juristische Personen. Nach dem Jahre 1933 wurde damit die generelle Schlechterstellung juristischer Personen begründet[60].

Bei genauerer Betrachtung zeigt sich aber, daß dieses Merkmal als Begründung für eine Schlechterstellung juristischer Personen nicht haltbar ist. Daß juristische Personen keine Familie haben, kann nicht ausschlaggebend sein, da auch den alleinlebenden natürlichen Personen die Eigenfinanzierung ihres Prozesses bis zur absoluten Zahlungsunfähigkeit nicht zugemutet wird. § 114 Abs. 1 ZPO ist vielmehr dahin zu verstehen, daß dann, wenn Familienmitgliedern Unterhalt gewährt wird, dieser bei der Armenrechtsbewilligung zu berücksichtigen ist[61]. Wenn das nicht der Fall ist, ist nur der eigene Unterhalt in Ansatz zu bringen.

Gegen das Argument, daß im Gegensatz zu natürlichen Personen bei juristischen schon nicht die Möglichkeit einer Familienbindung bestehe, muß mit Baumbach[62] ferner eingewandt werden, daß dies auch bei natürlichen Personen keineswegs garantiert ist, wie z. B. beim Minderjährigen. Vollends widersprüchlich wird die Argumentation dann, wenn man Personenhandelsgesellschaften — nicht etwa ihren Gesellschaftern — das Armenrecht nach § 114 Abs. 1 ZPO gewährt. Der Verweis auf den Passus „für seine Familie" gibt also gegen das Armenrecht der juristischen Person nichts her.

Zwar kann nicht bestritten werden, daß im Zwangsvollstreckungsrecht juristische Personen grundsätzlich durch Pfändungsfreigrenzen nicht geschützt sind. Daß das auch für das Armenrecht gelten muß, kann aber keinesfalls damit begründet werden, daß man § 850 c ZPO zur Bestimmung des notwendigen Unterhalts in § 114 Abs. 1 ZPO heranzieht und dann feststellt, daß juristische Personen nicht in den Schutzbereich von § 850 c ZPO fallen. Denn das ist selbstverständlich, weil juristische Personen keine Lohnforderungen haben können.

Die Pfändungsfreigrenzen des § 850 c ZPO und § 114 Abs. 1 ZPO zeigen zudem keine Verwandtschaft auf, außer daß in beiden Vorschriften auf den notwendigen Unterhalt Bezug genommen wird. Da für § 850 c ZPO detailliert Beträge festgelegt sind, erscheint es sinnvoll, § 850 c ZPO zur Klärung heranzuziehen, welcher Teil des Lohnes für den „notwendigen Unterhalt" in § 114 Abs. 1 ZPO benötigt wird. Zwingend ist das aber nicht, und angesichts der anderen Pfändungsschutzvorschriften der ZPO schon gar nicht eine abschließende Regelung.

---

[60] So zuletzt BVerfGE 35, 348 ff.
[61] Vgl. Schott S. 55.
[62] Baumbach, Kommentar zur ZPO, 5. Aufl. 1930, § 114, 1; so auch Jacobi JW 1930, 751.

III. „Der notwendige Unterhalt"

Wenn auch zuzugeben ist, daß für juristische Personen ein notwendiger Unterhalt, verstanden als das zum menschenwürdigen Leben Unerläßliche, nicht denkbar ist, so kann daraus doch noch nicht hergeleitet werden, daß die Existenz juristischer Personen grundsätzlich beliebig antastbar sei. Vielmehr ist unter dem Gleichheitssatz des Art. 3 Abs. 1 GG zunächst zu prüfen, ob nicht auch juristischen Personen ein notwendiger Unterhalt zukommen kann. Es hätte dem Gesetzgeber offengestanden, den notwendigen Unterhalt auch bei natürlichen Personen in § 114 Abs. 1 ZPO unberücksichtigt zu lassen. Wenn er aber das nicht getan hat, so muß er auch für juristische Personen etwas Entsprechendes vorsehen.

Im folgenden Abschnitt soll demzufolge aufgezeigt werden, daß es möglich und sinnvoll ist, auch für juristische Personen einen notwendigen Unterhalt zu bestimmen und damit auch in dieser Hinsicht das Armenrecht nach § 114 Abs. 1 ZPO zu gewähren.

2. Die Möglichkeit der Ausweitung auf juristische Personen

a) Sinn und Zweck der Sicherung des notwendigen Unterhalts

Zu Recht wird allgemein davon ausgegangen, daß über die Belassung des notwendigen Unterhalts die Erhaltung der Existenz der Partei gewährleistet werden soll[63]. Jeder Prozeß muß zwar grundsätzlich mit allen zur Verfügung stehenden Mitteln selbst finanziert werden, jedoch nicht unter Einschränkung des zum Existieren unbedingt Erforderlichen. Es werden alle Einbußen in der bisherigen Lebensführung in Kauf genommen, sofern sie die Existenzerhaltung nicht berühren. Damit soll u. a. auch sichergestellt werden, daß niemand zwar letztlich den Prozeß gewinnt, inzwischen aber derart irreparable Folgen für seine Existenz eingetreten sind, daß ihm der Sieg nichts mehr nützt.

b) Die Bedeutung des notwendigen Unterhalts für juristische Personen

Wenn auch der Staat nicht an eine natürliche Existenzberechtigung bei juristischen Personen gebunden ist, so kommt insbesondere dem letzten aufgezeigten Gesichtspunkt auch für juristische Personen Gültigkeit zu. Ein Obsiegen im Prozeß wäre für sie wertlos, wenn durch die Kostenbelastung ihre Existenz in Gefahr geriete.

Dieser Erkenntnis entsprechend ist im ZPO Entwurf von 1931 vorgeschlagen worden, bestimmten juristischen Personen dann das Armenrecht zu gewähren, wenn sonst die Erfüllung ihrer Aufgaben beein-

---

[63] Vgl. BVerfGE 35, 355 f.; Wetzel S. 20; Fuhrmann S. 56.

trächtigt würde[64]. Mit diesem Merkmal wird das Gleiche erreicht wie mit der Sicherung des notwendigen Unterhalts. Auch hier wird mit dem Funktionieren gleichzeitig die Existenz gesichert. Mit der Schaffung des Tatbestandsmerkmals der „allgemeinen Interessen" entfiel im Jahre 1933 diese Sicherung für juristische Personen aber wieder.

Man könnte daran denken, das Merkmal der Aufgabensicherung wieder aufzugreifen und für juristische Personen an die Stelle des notwendigen Unterhalts zu setzen. Im Gegensatz zu Menschen ist die Existenz juristischer Personen nur dann sinnvoll, wenn diese ihre Funktionen wahrnehmen können. Indes wäre es falsch, die Existenz des Menschen mit der Aufgabenerfüllung juristischer Personen gleichzusetzen. Das Merkmal der Aufgabenerfüllung ist erkennbar weiter. Würde man als Grenze des Einsatzes für die Prozeßkosten bei juristischen Personen die Gefährdung ihrer Aufgabenwahrung annehmen, so läge darin eine Privilegierung der juristischen Personen gegenüber den natürlichen[65]. Beim notwendigen Unterhalt ist nämlich gerade der persönliche Aufgabenbereich nicht geschützt. Dessen Preisgabe fällt in den Rahmen der vom Gesetzgeber vorgesehenen Opfergrenze. Insofern wäre die Sicherung der persönlichen Aufgabenerfüllung bei juristischen Personen nicht nur nicht vom Gleichheitssatz gefordert, sondern würde gegen ihn verstoßen.

Eine vollständige Gleichbehandlung mit natürlichen Personen wird aber erreicht, wenn man auch bei juristischen Personen auf die Existenzgefährdung abstellt. Juristische Personen müssen solange und soweit ihren Prozeß selbst finanzieren, als dadurch ihre Existenz nicht gefährdet wird.

Zwar mag die Grenze, an der eine Existenzgefährdung eintritt, im Einzelfall fließend sein. Vor allem Erwerbsgesellschaften werden betonen, daß sie ohne Aufrechterhaltung des bisherigen Betriebes nicht existieren könnten, daß sie investieren und expandieren müßten. Dennoch erscheint auch im summarischen Armenrechtsverfahren eine Entscheidung möglich, die von sachverständigen Institutionen, z. B. den Industrie- und Handelskammern, vorbereitet wird[66], wenn man die Parallele zu den natürlichen Personen zieht. Danach müssen Einschränkungen des Betriebes eventuell bis zur vorübergehenden Stillegung in

---

[64] Bereits im Jahre 1900 verlangte Schott (S. 89 f.), daß beim Armenrecht für private Stiftungen das Stiftungsvermögen nur insoweit berücksichtigt werden dürfe, wie es ohne Beeinträchtigung des Stiftungszwecks möglich sei.

[65] So auch Schott S. 55 f.

[66] Dieser Vorschlag wurde bereits 1934 gemacht; vgl. das Rundschreiben der RJM an die Landesjustizverwaltungen v. 5. 3. 34 in DJ 1934, 304. Heute ebenso: Zöller / Mühlbauer § 114, 4; Baumbach / Lauterbach / Hartmann § 114, 5 A.

Kauf genommen werden. Bei Vereinen muß gegebenenfalls der Vereinsbetrieb ruhen, bei Genossenschaften die Tätigkeit für die Genossen ausgesetzt und bei Stiftungen die Erbringung von Leistungen eingestellt werden. Erwerbsgesellschaften müssen den Geschäftsbetrieb einschränken, auf Investitionen verzichten und dürfen keine Gewinne ausschütten. Sie können aber nicht zur Überschuldung oder Zahlungsunfähigkeit getrieben werden. Hingenommen werden müssen auch Einbußen für die Zukunft, die durch geschäftliche Versäumnisse während des Prozesses entstehen. Jedoch muß das Unternehmen in einer Form bestehen bleiben, in der es ihm möglich ist, nach Abschluß des Prozesses den Betrieb wieder aufzunehmen.

Bei juristischen Personen des öffentlichen Rechts stellt sich die Situation anders dar. Für sie ist in § 882 a Abs. 3 ZPO ein Pfändungsschutz normiert, der „Sachen, die für die Erfüllung öffentlicher Aufgaben unentbehrlich sind oder deren Veräußerung ein öffentliches Interesse entgegensteht" der Zwangsvollstreckung entzieht. Diese für Privatgläubiger unantastbaren Gegenstände müssen auch bei der Armenrechtsgewährung berücksichtigt werden. Da an die Bestimmung der Sachen, in die eine Zwangsvollstreckung unzulässig ist, strenge Anforderungen zu stellen sind[67], werden die Voraussetzungen für das Armenrecht selten bejaht werden können. Ausgenommen sind zumindest alle leicht ersetzbaren Gegenstände, zu deren Finanzierung der oder die Träger herangezogen werden können. Insgesamt aber ist dadurch die Existenz der juristischen Person des öffentlichen Rechts gesichert. Darüber hinaus ist ein Schutz nicht erforderlich, da gerade das Problem der Existenzgefährdung für juristische Personen des öffentlichen Rechts kaum aktuell wird. Zwar beziehen sich grundsätzlich die §§ 213, 207 KO auch auf juristische Personen des öffentlichen Rechts[68], jedoch ist die praktische Bedeutung — nicht zuletzt wegen zahlreicher Ausnahmen[68] — gering.

c) Ergebnis

Im Ergebnis zeigt sich also, daß es nicht nur verfassungsrechtlich notwendig, sondern auch möglich und wirtschaftlich sinnvoll ist, juristischen Personen des Privatrechts und mit Einschränkungen denen des öffentlichen Rechts bei der Finanzierung eigener Prozesse ein zur Existenzsicherung notwendiges Minimum zu belassen, also auch einen für sie notwendigen Unterhalt zu garantieren.

---

[67] Vgl. Baumbach / Lauterbach / Hartmann § 882 a, 4 C.
[68] Vgl. Jaeger / Weber § 213 Rdnr. 2 - 5 m. w. N.

3. Die Anwendung bei Personalgesellschaften

In Ergänzung dazu muß an dieser Stelle gefragt werden, ob nicht bei den Personalgesellschaften die gleichen Grundsätze gelten müßten, ob nicht auch ihre Existenz durch eine erweiterte Armenrechtsgewährung zu erhalten wäre.

Nach geltendem Recht müßten die Gesellschafter neben ihrem Privatvermögen das gesamte Sondervermögen der Gesellschaft für die Finanzierung des Gesellschaftsprozesses verwerten, bevor das Armenrecht bewilligt werden kann. Auch hier könnte es also dahin kommen, daß bei endlichem Gewinn des Prozesses die Gesellschaft ihre Existenz bereits verloren hat.

Dieses Ergebnis verbietet sich unter folgendem besonderen Aspekt: Wenn jemand seinen Anteil an dem Gesamthandsvermögen aufgibt, begibt er sich auch gleichzeitig seiner Rechtsstellung als Gesamthänder und damit als Partei. Damit wäre er auch nicht mehr Kostenschuldner. Entsprechend den aufgezeigten sogenannten natürlichen Grenzen liegen bei den Personalgesellschaften die natürlichen Grenzen in der Erhaltung der Gesellschaft. Dann, wenn es in dem Prozeß nicht um Rechte eines einzelnen Gesellschafters geht, sondern um solche der Gesamthandsgemeinschaft, darf nicht mit der Rechtsdurchsetzung gleichzeitig die Gesamthandsgemeinschaft aufgelöst werden müssen, sondern diese muß erhalten bleiben. Die Tätigkeit der Gesellschaft kann zwar ruhen, es muß aber möglich sein, sie nach dem Prozeß wieder aufzunehmen. Die teilweise Verwertung des Gesamthandsvermögens oder dessen Belastung ist zumutbar, jedoch nicht die vollständige Liquidation. Insofern ähneln sich Personalgesellschaften und juristische Personen bei der Armenrechtsgewährung in der Tat — wenn auch aus verschiedenen Gründen.

IV. Ergebnis

Insgesamt ergibt sich also, daß einer juristischen Person das Armenrecht dann gewährt werden muß, wenn sie außerstande ist, ohne Gefährdung ihrer Existenz die Kosten des Prozesses zu bestreiten, und die beabsichtigte Rechtsverfolgung oder Rechtsverteidigung eine hinreichende Aussicht auf Erfolg bietet und nicht mutwillig erscheint.

Vierter Teil

Schlußbetrachtung

Als Endergebnis ist festzuhalten, daß § 114 Abs. 4 ZPO in der Auslegung der herrschenden Ansicht verfassungswidrig ist. Er verstößt insbesondere gegen den Gleichheitsgrundsatz des Art. 3 Abs. 1 GG und gegen das Rechtsstaatsprinzip des Art. 20 Abs. 3 GG.

Der im Dritten Teil dargelegte verfassungsmäßige Zustand könnte möglicherweise mit Hilfe einer verfassungskonformen Auslegung des § 114 Abs. 4 ZPO erreicht werden. Dazu müßte das Merkmal der wirtschaftlich Beteiligten so eng ausgelegt werden, daß nur diejenigen Dritten darunter fallen, die auch bei § 114 Abs. 1 ZPO berücksichtigt werden. Weiterhin müßte die Voraussetzung der „allgemeinen Interessen" so extensiv ausgelegt werden, daß es seine Bedeutung verliert. Das ist dann der Fall, wenn man das allgemeine Interesse an Rechtsschutz und Rechtssicherheit ausreichen läßt. Ein solches Interesse besteht für jedes nicht mutwillige und erfolgversprechende Prozeßverlangen. Schließlich müßte § 114 Abs. 4 ZPO als gebundene Entscheidung verstanden werden.

Durch eine solche Auslegung würde allerdings § 114 Abs. 4 ZPO überflüssig, da gleichbedeutend mit dem Abs. 1 dieser Vorschrift. Damit wiederum würde sich der abweichende Wortlaut schlecht vereinbaren lassen, insbesondere das vom Wortlaut her sehr weite Merkmal der wirtschaftlich Beteiligten. Aus diesem Grunde wäre es sinnvoller, § 114 Abs. 4 ZPO als verfassungswidrig ersatzlos zu streichen und § 114 Abs. 1 ZPO auch auf juristische Personen auszuweiten.

Gänzlich ungangbar aber ist der Weg des Bundesverfassungsgerichts[1], § 114 Abs. 4 ZPO generell für verfassungskonform zu erklären und dann im Einzelfall sich doch nicht an den Wortlaut zu halten. Entweder die Vorschrift ist verfassungsmäßig und gilt mit allen Tatbestandsvoraussetzungen für alle Fälle, oder aber sie ist verfassungswidrig und dann insgesamt ungültig. Es kann nicht angehen, sie als verfassungsmäßig unbedenklich darzustellen und dennoch als verfassungswidrig zu behandeln. Das Bundesverfassungsgericht hätte besser daran getan, dem aufgezeigten Weg zu folgen und § 114 Abs. 1 ZPO anzuwenden, anstatt den von ihm beschrittenen Umweg über Art. 14 GG zu gehen.

---
[1] BVerfGE 35, 348 ff.

Literaturverzeichnis

Baumann, Hans Carl: Das Armenrecht der deutschen Zivilprozeßordnung im Vergleich mit dem zivilprozessualen armenrechtlichen Institut Österreichs, Frankreichs, Italiens, Spaniens, Englands sowie mit dem des Bundesrechts der Vereinigten Staaten von Nordamerika, Diss. jur. Erlangen 1932.

Baumbach / Hueck: Aktiengesetz, Kurzkommentar, 13. Auflage, München 1968.

Baumbach / Lauterbach: Zivilprozeßordnung mit Gerichtsverfassungsgesetz und anderen Nebengesetzen, 33. Auflage, München 1975.

Baumgärtel, Gottfried: Chancengleichheit vor Gericht durch Pflichtrechtsschutzversicherung oder Prozeßhilfe?, in: JZ 1975, 425 ff.

Bergerfurth, Bruno: Das Armenrecht, München 1971.

Bettermann, Karl-August: Der Schutz der Grundrechte in der ordentlichen Gerichtsbarkeit, in: Bettermann / Nipperdey / Scheuner, Die Grundrechte, 3. Band, 2. Halbbd., Berlin 1959, S. 779 ff. (zitiert: Bettermann, Die Grundrechte).

— Anmerkung zu BayVerfGH JZ 1962, 673, in: JZ 1962, 675 ff.

— Juristische Personen des öffentlichen Rechts als Grundrechtsträger, in: NJW 1969, 1321 ff.

— Verfassungsrechtliche Grundlagen und Grundsätze des Prozesses, in: Juristische Blätter 1972, 57 ff.

Blomeyer, Arwed: Zivilprozeßrecht, Erkenntnisverfahren, Berlin 1963 (zitiert: Blomeyer LB).

— Der Rechtsschutzanspruch im Zivilprozeß, in: Festschrift für Bötticher, Berlin 1969, S. 61 ff.

Bötticher, Eduard: Die Gleichheit vor dem Richter, in: Hamburger Universitätsreden Nr. 16, Hamburg 1954.

Bockelmann, Erika: „Rechtswegsperre durch Prozeßkosten", in: ZRP 1973, 164 ff.

Bunsen: Besprechung von Richard Schott, Armenrecht, in: ZZP 28, 201 ff.

Dahlmanns, Gerhard (Hrsg.): Neudrucke zivilprozessualer Kodifikationen und Entwürfe des 19. Jahrhunderts. Materialien zur Entwicklungsgeschichte der ZPO, Band 1 und 2, Aalen 1971 (zitiert: Dahlmanns, Neudrucke).

Däubler, Wolfgang: Bürger ohne Rechtsschutz? Kostenrisiko und Grundgesetz, in: BB 1969, 545 ff.

Dütz, Wilhelm: Rechtsstaatlicher Gerichtsschutz im Privatrecht, Bad Homburg, Berlin, Zürich 1970.

Ebersbach, Harra: Handbuch des deutschen Stiftungsrechts, Göttingen 1972.

Fechner, Erich: Kostenrisiko und Rechtswegsperre — Steht der Rechtsweg offen? in: JZ 1969, 349 ff.

Feuchtwanger, Sigbert: Anmerkung zu KG JW 1931, 85, in: JW 1931, 85 ff.

Förster / Kann: Die Zivilprozeßordnung für das Deutsche Reich, 1. Teil, 3. Auflage, Berlin 1913.

Fuhrmann, Reinhold: Das Armenrecht der juristischen Personen und der Gesamthandsgemeinschaften, Diss. jur. Jena 1934.

Gadow / Heinichen / Schmidt / Schmidt / Weipert: Aktiengesetz, Großkommentar, 2. Auflage, Berlin 1965, 2. Band (zitiert: Großkommentar).

Godin / Wilhelmi: Aktiengesetz vom 6. September 1965, Kommentar, Band II, 4. Auflage, Berlin, New York 1971.

Hahn, Carl: Die gesammelten Materialien zu den Reichs-Justizgesetzen, 2. Band, Berlin 1880 (zitiert: Hahn, Materialien).

Hellwig, Konrad: System des Deutschen Zivilprozesses, 1. Teil, Leipzig 1912.

Hillermeyer: Armenrecht oder soziales Prozeßrecht? in: BayVBl 1972, 409 ff.

Hueck, Alfred: Gesellschaftsrecht. Ein Studienbuch, 15. Auflage, München 1970.

Jacobi: Armenrechtsfragen, in: JW 1930, 751 ff.

Jaeger, Ernst: Konkursordnung mit Einführungsgesetzen, 2. Band, 2. Halbbd., 8. Auflage, Berlin, New York 1973.

Jonas, Martin: Anmerkung zu OLG Hamm JW 1936, 1691, in: JW 1936, 1691.

Klötzer, Karl: Das Armenrecht vor dem Deutschen Patentamt und das Armenpatentanwaltsgebührengesetz, München, Berlin, Köln 1958.

Koebel, Ulrich: Zivilrichter und Armenrecht, in: NJW 1964, 392 ff.

Köttgen: Anmerkung zu RG JW 1932, 1146, in: JW 1932, 1146 zu Nr. 18.

Krückmann: Armenrecht des Konkursverwalters, in: JW 1930, 1176 ff.

Kurlbaum: Die Personen des Armenrechts, in: Festschrift für Heilberg, Berlin, Breslau 1928, S. 80 ff.

v. Linde, Justin Timotheus Balthasar: Bemerkungen über die Zweckmäßigkeit der in Deutschland geltenden Grundsätze über das Armenrecht im Prozesse, in: AcP 16, 51 ff.

v. Mangoldt / Klein: Das Bonner Grundgesetz, Band I, 2. Auflage, Berlin und Frankfurt 1957.

Maunz / Dürig / Herzog: Grundgesetz, Kommentar, München 1973.

Mes, Peter: Der Rechtsschutzanspruch, in: Prozeßrechtliche Abhandlungen, Heft 28, Köln 1970.

Pawlowski, Hans-Martin: Zur Funktion der Prozeßkosten, in: JZ 1975, 197 ff.

Reichsjustizministerium: Entwurf einer Zivilprozeßordnung, Berlin 1931.

Reinelt, Ekkehart: Schadensersatz des Alleingesellschafters und „Durchgriffshaftung" bei der Einmanngesellschaft, in: BB 1974, 1145.

Reinhardt, Rudolf: Gedanken zum Identitätsproblem bei der Einmanngesellschaft, in: Das deutsche Privatrecht in der Mitte des 20. Jahrhunderts — Festschrift für Heinrich Lehmann, II. Band, S. 576 ff., Berlin, Tübingen, Frankfurt 1956.

Rosenberg, Leo: Anmerkung zu OLG München ZZP 53, 448, in: ZZP 53, 449.

— Zivilprozeßrecht, 3. Auflage, München 1931 (zitiert: Rosenberg LB 3. Aufl. 1931).

Rosenberg / Schwab: Zivilprozeßrecht, 11. Auflage, München 1974 (zitiert: Rosenberg / Schwab LB).

Schilling, Wolfgang: Die Einmanngesellschaft und das Einzelunternehmen mbH, in: JZ 1953, 161 ff.

Schott, Richard: Das Armenrecht der deutschen CPO, Jena 1900.

Seetzen, Uwe: Prozeßkosten und sozialer Rechtsstaat, in: ZRP 1971, 35 ff.

Serik, Rolf: Rechtsform und Realität juristischer Personen, in: Beiträge zum ausländischen und internationalen Privatrecht, Band 26, Berlin, Tübingen 1955.

v. Seuffert / Walsmann: Kommentar zur ZPO, 1. Band, 12. Auflage, München 1932.

Stein / Jonas: Kommentar zur Zivilprozeßordnung, 19. Auflage, Tübingen 1972.

Sturm: Haben nichtphysische Personen das Armenrecht? in: Gruch 30, 829 ff.

Thomans / Putzo: Zivilprozeßordnung mit Gerichtsverfassungsgesetz und Nebengesetzen, 8. Auflage, München 1975.

Wetzel, Egon: Das Armenrecht der deutschen CPO, Diss. jur. Jena 1933.

Wieczorek, Bernhard: Zivilprozeßordnung und Nebengesetze, Band I, Teil 2, Berlin 1957.

Wolff / Bachof: Verwaltungsrecht I. Ein Studienbuch, 9. Auflage, München 1974.

Zöller, Richard: Zivilprozeßordnung mit Gerichtsverfassungsgesetz und Nebengesetzen, 11. Auflage, München 1974.

Printed by Libri Plureos GmbH
in Hamburg, Germany